親と子で育て合う
5つの力20の視点

これからの社会で
活躍するために

名村拓也
TAKUYA NAMURA

中村堂

もくじ

序　5つの力 20の視点……5
社会で大切な力って何ですか？……6
「社会人基礎力」をご存知ですか？……10
私が考える「5つの力と20の視点」……17
「社会で大切な力」はいつ、どこで鍛えたらよいのでしょうか？……21
「わかる」と「できる」は違う……24
◆この本の構成……26
第1章　コミュニケーション能力……29
コミュニケーション能力とは……31
視点①　話題を豊富に持つ……31
視点②　傾聴する……39
視点③　相手を称賛する……47
視点④　ユーモアセンスを磨く……55
第2章　人間関係構築力……63
人間関係構築力とは……65
視点⑤　不平・不満・悪口を言わない……65
視点⑥　熱意を持って取り組む……73
視点⑦　利他の精神で動く……81
視点⑧　笑顔を意識する……89
第3章　ストレスコントロール力……97

ストレスコントロール力とは
視点⑨　悩みを紙に書いて分析する……99
視点⑩　ポジティブに、有意義に考える……107
視点⑪　小さな自信、成功経験を持つ……115
視点⑫　夢・目標を持つ……123
第４章　気遣い力……131
気遣い力とは
視点⑬　掃除をする……133
視点⑭　相手の関心を見抜く……141
視点⑮　相手の予想を上回る……149
視点⑯　小さいことにこだわる……157
第５章　創造力……165
創造力とは
視点⑰　メモを取る……167
視点⑱　予定調和を壊す……175
視点⑲　工夫する……183
視点⑳　発想の転換をする……191
おわりに……199
◆参考文献……202

序

5つの力　20の視点

社会で大切な力って何ですか？

父『尚輝！髪の毛洗ってやるから一緒に風呂入ろ』
子『うん！』
父『お母さんから塾の模試の結果が悪かったって聞いたけど、気にしてるのか？』
子『うん。友達みんな成績がよくて、僕だけ下がってたからかなりへコんでるんだ』
父『なるほどな～。お父さんにもそういう時ってあったよ。お父さんも落ち込んで泣いた経験もあるよ』
子『本当？』
父『あ～、そりゃそうさ。でも今から思えば、悩んだおかげで、人生教訓も学べたし、どうしたら解決できるのか、ってことも考えられたし、今仕事をしていても役立つことがたくさん学べたし、よかったと思ってるぞ』
子『そうなのか～。ここから学べるのか～。なるほど～』
父『尚輝、学力も大事だけど、社会に出たら、いろいろな力が大切になってくるんだ』
子『いろいろな力？』

父『そうだ、学力以外のいろいろな力だ。例えばな、尚輝は学校の運動会の準備を一人で行うことは難しいだろ？だって、たくさんしなくちゃいけないことがあるもんな。例えば、プログラムを考えて、それを先生や在校生みんなに知らせて、反対する人を説き伏せて、参加する人に演技指導して、運動場を整備して、地域の方々に当日道路が混雑することをお詫びしながら告知して、とかの作業をしなくちゃいけないもんな。それを一人で実行するっていうのは事実上無理だ。そうなると、自分に協力してもらう人が必要になってくる。そうだろ？』

子『うん』

父『尚輝に協力してくれる友達は何人くらいいる？』

子『いつも遊んでいる5人組のメンバーは協力してくれるよ』

父『すごいな。ただ、もし協力してくれるのが50人だったら運動会の準備はどうなる？』

子『もっとスムーズにできる』

父『そうだよな。大人の社会もそれと全く同じで、何をするにも周りの人の協力がないとやっていけないんだ。仕事もそう。地域の活動もそう。一人でやれることは知れているけどチームの力はすごいんだ。しかもその数が増えれば増えるほどパワーは強力になる。であれば、どうやったら50人の人が尚輝に協力してくれるようになると思う？』

子『優しくしてあげたら、ちょっとは協力してくれると思う』

父『そうだよな。協力してもらうには、相手に優しくしてあげないといけないよな。そして、協力してくれる人の意見を聞いてもあげないといけないよな。協力してくれる人がけがしないように気も配ってあげた方がいいよな。また、喜んで協力してもらうには魅力的なプログラムを尚輝自身が創り出せたらもっと協力者が増えるよな』

子『言われてみたらたしかにそう思う…』

父『さっきも言ったけど、大人の社会も全く同じで、協力してもらえる人を増やすには、学力以外の力もとても大切になってくるんだ。そんな力も尚輝には身につけてほしいとお父さんは思ってるんだ』

遅ればせながら、こんにちは。

名村拓也と申します。

皆さんが、お風呂に入ってお子さんの頭を洗ってあげながら、社会で大切な力を教えるなら、どんな力だと伝えますか?

ひょっとして一番大切な力は「学力」で、『何を置いても学力が大事なんだぞ。とにかく勉強しておけばいいんだ!』

こう言うでしょうか。

たしかに学力は大切ですが、多分みなさんはそうは言わないでしょうね。

おそらくですが、「最後までやり抜く力」であったり、「元気に挨拶をする力」であったり、「人の話を素直に聞く力」が大切だ、と話すのではないでしょうか？

私は進学塾で講師もしておりますが、そんな私であっても、我が子に伝えたい、社会で大切な力は「学力だけ」だとは絶対に言いません。

もし、皆さんの職場に新入社員が配属されることになったとしたら、どんな若者に来てほしいですか？

皆さんが期待しているのは、「笑顔の素敵な青年」だったり、「チャレンジ精神旺盛な若者」ではないでしょうか？

なぜならこれが職場で必要な力だからですよね。

もし、皆さんが小学校のＰＴＡの集まりに参加して、周りを見渡したとしましょう。

どんな方々とだったら楽しく1年間やっていけそうですか。

「学力の高い方々だったらなあ」とはあまり思いませんよね。

「周囲に気遣いができる、話しかけやすい方だったらなあ」と思うはずです。

そうです、みんなわかっているんです。

社会に出たら、学力のほかにも、必要とされる力がいろいろあるということは。

学力が大切ではないと言っているのではありません。

とても大切です。

「国語」は、語彙力や文章作成能力を向上させ、発信する力や受信する力を鍛えます。

そもそも「国語」ができないと、日本語で物事を考えている以上、正しい思考ができません。

「数学」は問題を整理する能力と論理的な思考を身につけさせてくれます。

これができないと問題を解決する経路すらわからないままになります。

ですから、勉強は大切です。


そのうえで、ここでは「学力と同じくらい大切な力」を一緒に考えていきましょう。

「社会人基礎力」をご存知ですか？

では、改めて、学力のほかに大切な力とは具体的には何でしょうか？

それは一つではありません。

この質問について答える前に、経済産業省が２００６年に「社会人基礎力」という「社会で必要な力」を提唱しましたので、まずそれを紹介します。

「社会人基礎力」を簡単に言うと、「職場や地域社会で多様な人々と仕事をしていくために必要な根本的な力」です。

社会人基礎力は**「前に踏み出す力」「考え抜く力」「チームで働く力」**の３つの能力と、それらを構成する12の能力要素から成り立っています。（本書16ページ参照）

ちなみに、読み書きや基本的なＩＴスキルなどの「基礎学力」と、仕事に必要な知識や資格などの「専門知識・技術」は「時務学」と言います。

そして、「時務学」で学んだことを、より上手に活用し、社会で活用するために必要な力こそが、「社会人基礎力」と言えるでしょう。

パソコンで例えるなら、「社会人基礎力」はＯＳになります。

アプリケーションを有効に使うためには高い性能のＯＳが重要です。そのＯＳを鍛えておかないと、基礎学力や専門知識といったアプリケーションが活用されません。

日本の教育は主に文部科学省が司ってきましたが、この提案によって、経済産業省も別の角度から「社会で活躍するための」教育を提唱してきたことになります。ＯＳの重要性を経済産業省が訴えてくるようになったのです。

話を元に戻しましょう。

「社会人基礎力」の中身をもう少し具体的に見ていきます。

これは、「前に踏み出す力」「考え抜く力」「チームで働く力」の3つの能力と、それらを構成する12の能力要素とで構成されていますが、それは次の通りです。

前に踏み出す力

指示待ちではなく、我がことと捉え、一歩前に踏み出し、失敗しても粘り強く取り組む力。

①主体性（物事に進んで取り組む力）
※反対語は「受け身で指示やマニュアルがないと動けない」

②働きかけ力（他人に働きかけ巻き込む力）
※周囲に『やろうぜ！』と呼びかけ、人々を動かしていく力

③実行力
※失敗したとしても粘り強く取り組み目標を達成しようとする力

考え抜く力

疑問を持ち、その解決のために論理的な思考力で考え続ける力

④課題発見力（現状を分析し目的や課題を明らかにする力）

※情報分析力や周囲からのアドバイスに積極的に耳を傾けることができる

⑤計画力（準備する力）

※目的と目標を認識し、達成するための最善のプロセスを計画し、進捗状況を確認しながら進めていく力

⑥創造力（新しい価値を生み出す力）

※既存の発想ではなく、新たな解決方法やアイデアを生み出せる力

チームで働く力

多様な人種や考え方の人を尊重し、それらの人と一緒に、目標に向けて協力しあえる力

⑦発信力（自分の意見をわかりやすく伝える力）

※事例や客観的データを用いて自分の意見をわかりやすく周囲に伝える力

⑧傾聴力（相手の意見をきちんと聴く力）

※丁寧に聴くことで、相手の意見を引き出し、不安や不満を解消する力

⑨柔軟性（意見の違いや文化の違い、立場の違いを受け入れる力）

※自分とは異なる相手を理解しようと努める力

⑩状況把握力（空気を読む力）

※周囲の人々や物事との関係性を理解する力

⑪規律性（社会のルールや人との約束を守る力）

※相手に迷惑をかけず、世の中のルールやマナーを大切にする力

⑫ストレスコントロール力（過度なストレスに上手に向き合える力）

※ストレスを感じてもしなやかに対応し、原因を見つけ自分で軽減できる力

以上が、3つの能力とそれらを構成する12の能力要素になります。

最近よく耳にする非認知能力もこれらの中に大いに含まれています。

しかも、2018年には、人生100年時代を見据え、経済産業省はこの社会人基礎力に「ライフステージの各段階で活躍し続けるために求められる力」という観点を取り入れ、「人生

１００年時代の社会人基礎力」として再定義しました。

再定義された社会人基礎力では、自分自身を「リフレクション（振り返り）」することの重要性と、「３つの視点（どう活躍するか・何を学ぶか・どのように学ぶか）」のバランスを図ることの必要性が新たに示されました。

人生１００年時代、新人や若手だけではなく、中堅やベテランなどのどの階層の人たちにもこれらの社会人基礎力が大切だと国を挙げて提唱しています。全ての年代の人が磨き続けるべき能力だということです。

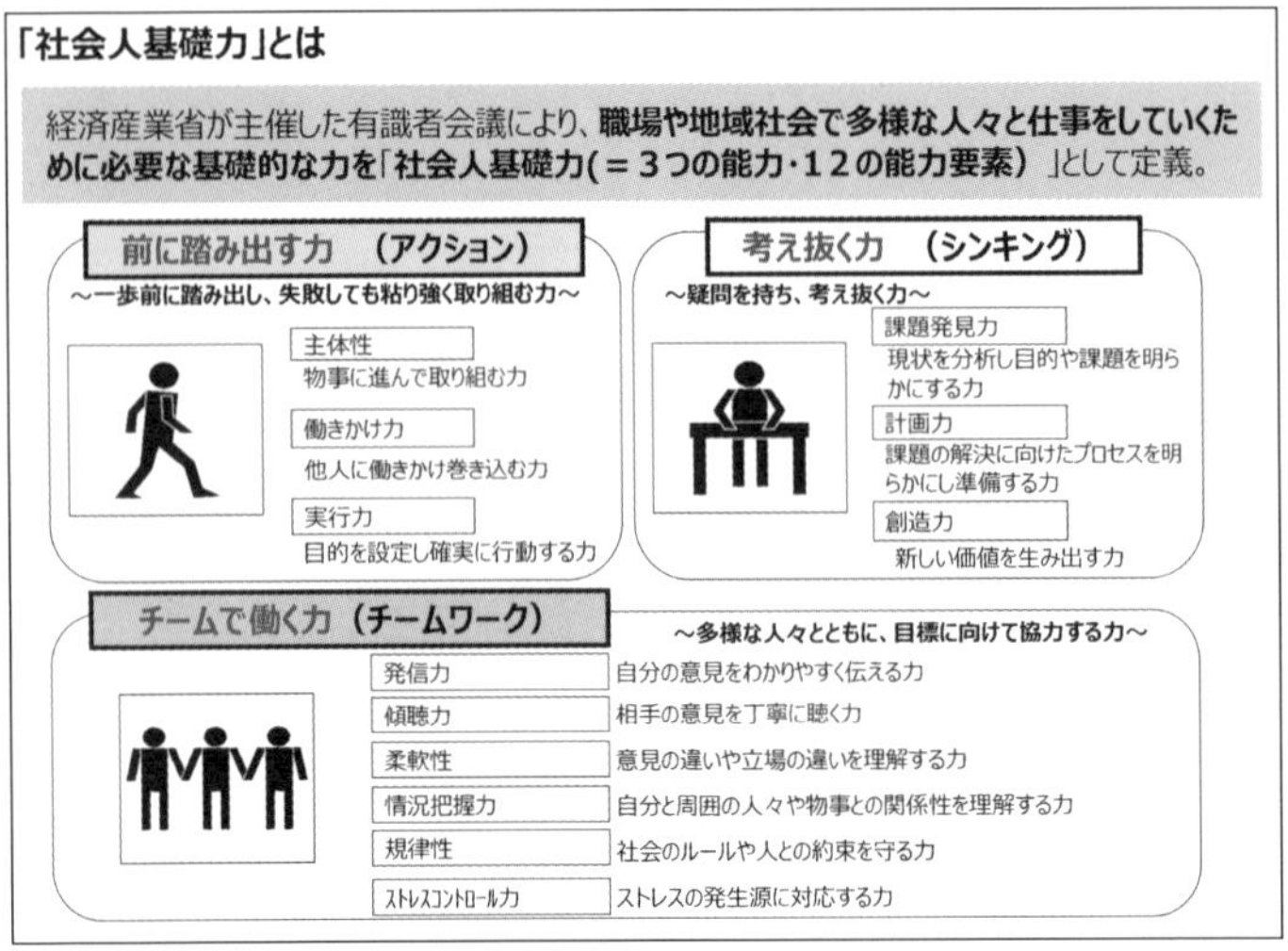

▲経済産業省が発表した「社会人基礎力」

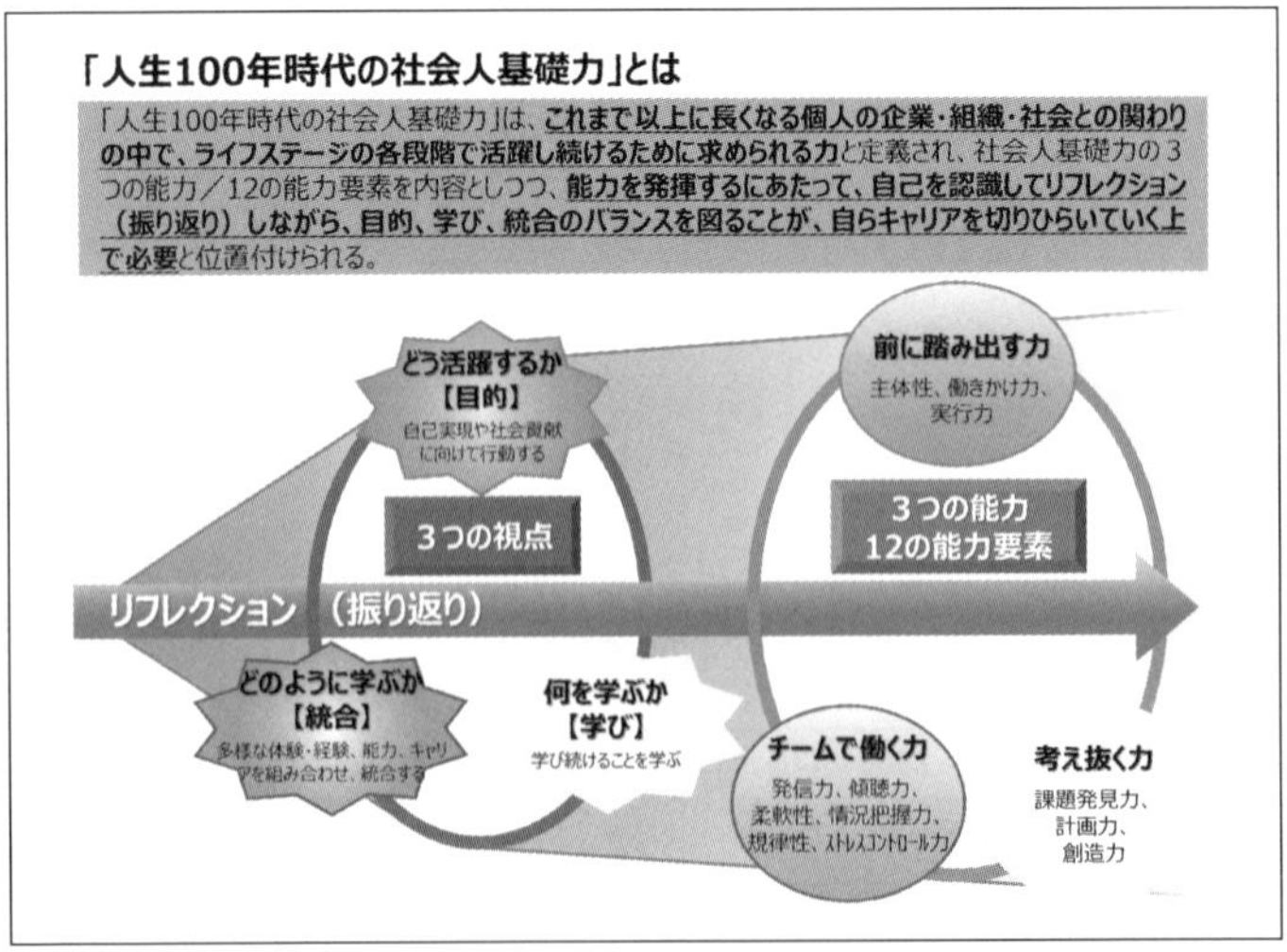

▲経済産業省が発表した「人生 100 年時代の社会人基礎力」とは

私が考える「5つの力と20の視点」

私は進学塾の教壇に立つ一方、世界的人材研修機関のデール・カーネギー・トレーニングで9年間コーチを務めさせていただき、人間関係構築力やプレゼンテーション能力について学んできました。

ラッキーなことに、「勉強や部活動に励んでいる子どもたち」と「日本社会を最前線で支えているトップビジネスパーソンの方々」という幅広い人たちを同時に指導させていただくことができました。

さらに、大谷翔平選手が実践したことで有名な原田教育研究所の「原田メソッド」の認定パートナーを取得し、感謝や礼儀などの人間力が全ての土台になることも学びました。

関西生まれの関西育ちが影響しているのかもしれませんが、私は「本音」で語ることが大切であると思っていますし、それを信条にもしています。

「進学塾」という場所で仕事をしているのは、忖度なしで直球で「入試に直結する指導」ができるからです。本音で勝負したいという私の性格に合っているからだと思います。

その私が、様々な機関で勉強し、しかも社会で活躍されている方々とお付き合いをしていく中で、「社会生活において絶対的に必要で、ぜひ子どもたちに伝えていきたい！」と感じた「力」があります。

それを「本音」で「直球」で、皆様に紹介したいと思いました。

皆さんも、ご家庭で、お子さんだけには「本音」でお話しされると思います。

『結局、一番一生懸命に頑張っている子が周りから信用されて主将に推薦されるのよ』

『ようするに、気配りができる子がみんなから好かれるんだよ』

『つまるところ、すぐにへこむようでは駄目で、立ち直れる力がないと社会では通用しない』

といった内容を伝えた経験はないでしょうか。

その「結局」「ようするに」「つまるところ」が大切で、それこそが社会で役立つ力であり、本音の部分になります。

その本音を集めて、子どもたちに、学力と同時に鍛えてもらいたいのが、次の5つの力です。

第1の力「コミュニケーション能力」

第2の力「人間関係構築力」

第3の力「ストレスコントロール力」

第4の力「気遣い力」

第5の力「創造力」

さらに、それらを「鍛える」ための20の視点を挙げています。

「本音」で物事を進めたい私は、「読んで終わり」「うわべだけわかったつもり」を嫌いますので、実践することで本当に力をつけてもらいたいと考えています。

第1の力「コミュニケーション能力」

視点① 話題を豊富に持つ（社会人基礎力 発信力）

視点② 傾聴する（社会人基礎力 傾聴力）

視点③ 相手を称賛する（社会人基礎力 柔軟性）

視点④ ユーモアセンスを磨く（社会人基礎力 発信力）

第2の力「人間関係構築力」

視点⑤ 不平・不満・悪口を言わない（社会人基礎力 働きかけ力）

視点⑥ 熱意を持って取り組む（社会人基礎力 主体性）

視点⑦ 利他の精神で動く（社会人基礎力 働きかけ力）

視点⑧ 笑顔を意識する（社会人基礎力 働きかけ力）

第3の力「ストレスコントロール力」

視点⑨　悩みを紙に書いて分析する　（社会人基礎力　ストレスコントロール力）
視点⑩　ポジティブに、有意義に考える　（社会人基礎力　ストレスコントロール力）
視点⑪　小さな自信、成功経験を持つ　（社会人基礎力　ストレスコントロール力）
視点⑫　夢・目標を持つ　（社会人基礎力　ストレスコントロール力）

第4の力「気遣い力」
視点⑬　掃除をする　（社会人基礎力　状況把握力）
視点⑭　相手の関心を見抜く　（社会人基礎力　状況把握力）
視点⑮　相手の予想を上回る　（社会人基礎力　状況把握力）
視点⑯　小さいことにこだわる　（社会人基礎力　状況把握力）

第5の力「創造力」
視点⑰　メモを取る　（社会人基礎力　創造力）
視点⑱　予定調和を壊す　（社会人基礎力　創造力）
視点⑲　工夫する　（社会人基礎力　創造力）
視点⑳　発想の転換をする　（社会人基礎力　創造力）

私が「本音」で、社会で必要だと考える力がこの「5つの力　20の視点」です。

この5つの力は、企業に入っても、自分で会社を興しても、先祖代々の会社を引き継いでも必要な力です。また青年期でも壮年期でも向老期でも、これらの力を使わないと社会生活は営めません。

「社会で大切な力」はいつ、どこで鍛えたらよいのでしょうか？

家庭での教育において、学力向上のために時間をかけていらっしゃる方は多いですが、「人間関係構築力」を鍛えるために「笑顔で接する」トレーニングをしている方は少ないです。学力向上においては予習復習を欠かさないのに、「他者に気を配ること」の準備や反省に時間をかけている方も少ないと思います。

日本でも世界でも、「学力を鍛える機関」はとてもたくさんあります。日本には約5万の塾が存在すると言われていますが、塾以外でも、パソコンやパッドを使った教材があふれていて、やる気さえあればいくらでも学力を向上させることはできます。

では、先ほど挙げた「大切な力」を鍛える機関はどれくらいあるでしょうか？

またその力は、いつ鍛えてあげようとお考えでしょうか？

例えば、「コミュニケーション能力」における「傾聴する」行為は接客業や組織の長になるには必須の力ですが、お子さんが「傾聴できていない」と判断した場合、いつどこでそれを補おうとされているでしょうか？

『学力以外は、社会に出てから会社で指導してもらうので大丈夫です』という声が聞こえてきそうですが、現実的には、なかなか鍛えられるものではありません。

これに対して、『うそ、うそ、実社会に出たら、会社や上司がきちんと指導してくれて、一人前の社会人にしてくれるでしょう？』と反論されるかもしれません。

たしかに昔はそれができていました。

でも、それは一昔前の話で、今は職場も指導がしにくい時代になってきています。

皆さんは職場に配属されてきた新入社員の「傾聴する」姿勢をどこまで指導することができるでしょうか？

服装や所作、マナーは教えることができますが、先ほどの社会人基礎力やいわゆる人間学（忍耐、誠実、勤勉、報恩感謝など）の分野はなかなか教えることはできません。

イチロー選手が２０２０年トヨタ自動車の入社式で新入社員に送ったメッセージの中で、「指導する側よりも、指導される側の方の力が強くなっていることを、大変憂慮している」と述べました。

「私の個性です」「今は多様性の時代です」「それはハラスメントですよね？」という言葉が飛び交っている今、会社や上司、先輩が育成しようとしても、その指導はなかなか徹底しづらくなっています。

この現状から、今後を憂いての発言が先のイチロー選手の言葉なのでしょう。

会社は、我が業界のプロになってほしい、将来社会で活躍してほしい、会社を背負って立つ人材になってほしい、という想いで徹底して指導しようとしても、「ほめる指導」以外は受けつけてもらえない状況にあります。

社会全体が「指導しづらい」時代になっています。

会社や社会全体が指導や教育ができなくなっているのであれば、あとは、**「自分で気づいて自分でスキルを向上」**させないといけなくなります。

自分で気づける人は軌道修正ができるので問題ありませんが、気づけない人は一生誰にも指摘されることなく、知らず知らずの間に周りから人が遠ざかり、活躍できずに生涯を終えることになります。この、「誰にも指摘されない時代」は「成長できない時代」とも言えます。

これらのことから、私は、**社会で大切な力は「家庭」で「学生時代」に身につけるべきだと**思っています。

「わかる」と「できる」は違う

塾というところは、「方程式を理解させる」だけではなく、「テストで方程式が解ける」ように指導する機関です。

「わかるように指導する」のは当たり前で「できるようにトレーニングする」のが塾です。

私自身、結果を出すことが使命である塾業界で四半世紀の間、指導をしてきましたので、皆さんに手にしていただいたこの本を「読んで終わり」にはしたくありません。

先に述べましたように、この本では、5つの力を鍛えるために20の視点を用意しました。それぞれの視点で出てくる課題を職場や学校、身の周りで実践していただき、その結果を、親子で互いにプレゼンテーションで発表し合う構成になっています。

5つの力を養成するとともに、プレゼンテーションの力も養成できるメソッドになっています。

また課題を実践する中で、社会人基礎力の「計画力」や「規律性」、「実行力」も養うことができます。学生時代に5つの力を養成するべく、20の視点を実践し、人生100年時代を謳歌していただきたいと願っています。

この本は、保護者の皆さんだけでなく、お子さんも読めるように、なるべく簡単な言葉を使い短い文でテンポよく書くように心がけました。

「何が正しい教育なのか」という教育論は百人百様であり、各家庭にはしっかりとした教育方針があることは重々承知しています。

ただ、少しでも私の教育メソッドに共感いただけるのであれば、実践していただき、その結果を実感していただきたいと願っています。親子の会話も弾むようになることと思います。

皆さまとお子さまのご活躍を心から応援しています。

この本の構成

なぜ必要か

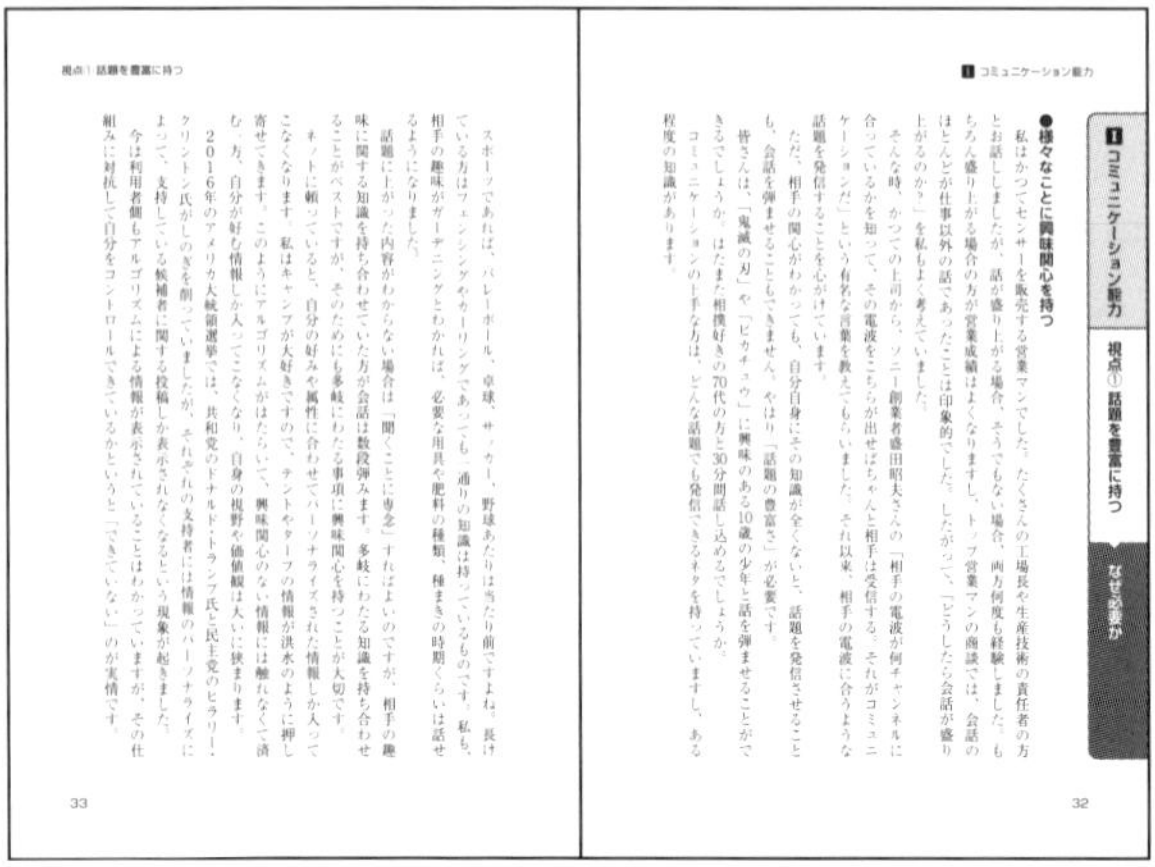

I コミュニケーション能力

I コミュニケーション能力 ｜ 視点① 話題を豊富に持つ ｜ なぜ必要か

●様々なことに興味関心を持つ

私はかつてセンサーを販売する営業マンでした。たくさんの工場長や生産技術の責任者の方とお話ししましたが、話が盛り上がる場合、そうでもない場合、両方何度も経験しました。もちろん盛り上がる場合の方が営業成績はよくなりますし、トップ営業マンの商談では、会話のほとんどが仕事以外の話であったことは印象的でした。したがって、「どうしたら会話が盛り上がるのか？」を私もよく考えていました。

そんな時、かつての上司から、ソニー創業者盛田昭夫さんの「相手の電波が何チャンネルに合っているかを知って、その電波をこちらが出せばちゃんと相手は受信する。それがコミュニケーションだ」という有名な言葉を教えてもらいました。それ以来、相手の電波に合うような話題を発信することを心がけています。

ただ、相手の関心がわかっても、自分自身にその知識が全くないと、話題を発信させることも、会話を弾ませることもできません。やはり「話題の豊富さ」が必要です。

皆さんは、「鬼滅の刃」や「ピカチュウ」に興味のある10歳の少年と話を弾ませることができるでしょうか。はたまた相撲好きの70代の方と30分間話し込めるでしょうか。

コミュニケーションの上手な方は、どんな話題でも発信できるネタを持っていますし、ある程度の知識があります。

32

視点① 話題を豊富に持つ

スポーツであれば、バレーボール、卓球、サッカー、野球あたりは当たり前ですよね。長けている方はフェンシングやカーリングであっても一通りの知識は持っているものです。私も、相手の趣味がガーデニングとわかれば、必要な用具や肥料の種類、種まきの時期くらいは話せるようになりました。

話題に上がった内容がわからない場合は「聞くことに専念」すればよいのですが、相手の趣味に関する知識を持ち合わせていた方が会話は数段弾みます。多岐にわたる知識を持ち合わせることがベストですが、そのためにも多岐にわたる事項に興味関心を持つことが大切です。

ネットに頼っていると、自分の好みや属性に合わせてパーソナライズされた情報しか入ってこなくなります。私はキャンプが大好きですので、テントやタープの情報が洪水のように押し寄せてきます。このようにアルゴリズムがはたらいて、興味関心のない情報には触れなくて済む一方、自分が好む情報しか入ってこなくなり、自身の視野や価値観は大いに狭まります。

2016年のアメリカ大統領選挙では、共和党のドナルド・トランプ氏と民主党のヒラリー・クリントン氏がしのぎを削っていましたが、それぞれの支持者には情報のパーソナライズによって、支持している候補者に関する投稿しか表示されなくなるという現象が起きました。

今は利用者側もアルゴリズムによる情報が表示されていることはわかっていますが、その仕組みに対抗して自分をコントロールできているかというと「できていない」のが実情です。

33

5つの力を育てるための「20の視点」について、なぜそれが必要なのかを解説します。

どう育てるか

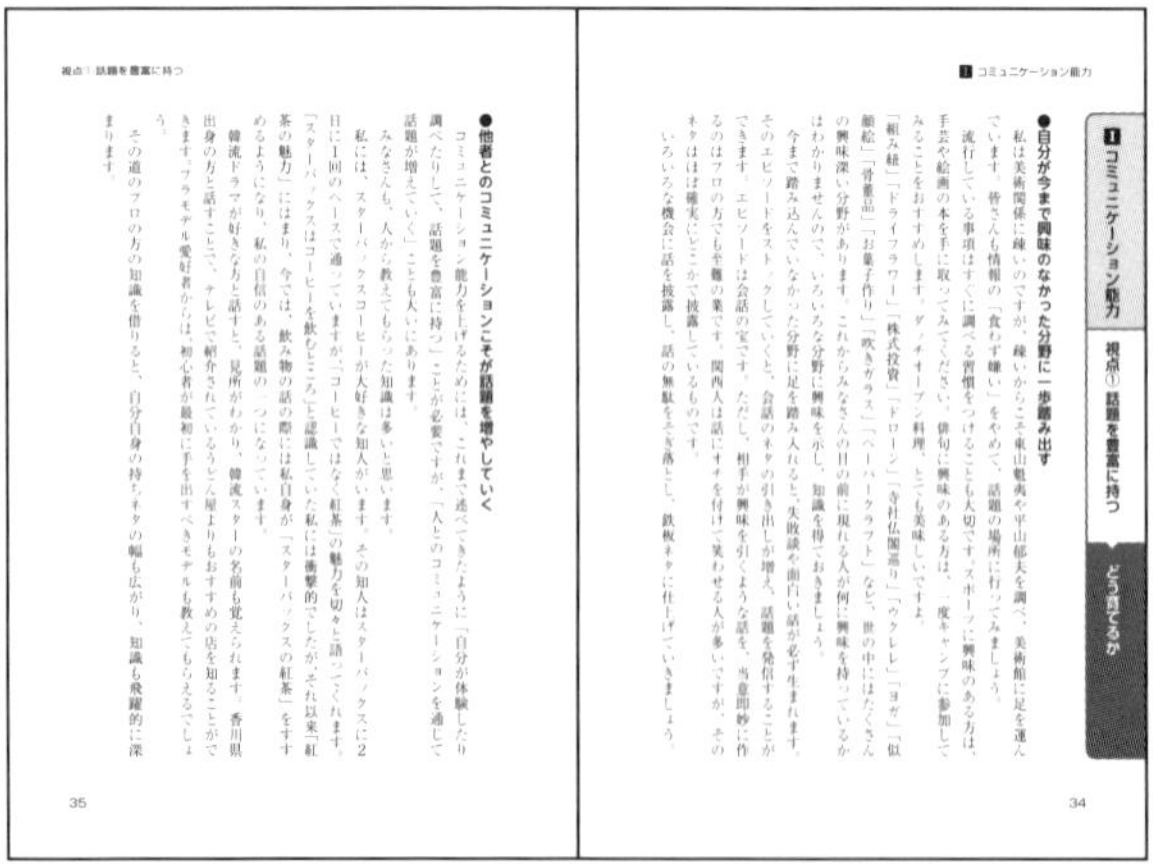

I コミュニケーション能力

I コミュニケーション能力 ｜ 視点① 話題を豊富に持つ ｜ どう育てるか

●自分が今まで興味のなかった分野に一歩踏み出す

私は美術関係に疎いのですが、疎いからこそ東山魁夷や平山郁夫を調べ、美術館に足を運んでいます。皆さんも情報の「食わず嫌い」をやめて、話題の場所に行ってみましょう。

流行している事項はすぐに調べる習慣をつけることも大切です。スポーツに興味のある方は、手芸や絵画の本を手に取ってみてください。俳句に興味のある方は、一度キャンプに参加してみることをおすすめします。ダッチオーブン料理、とても美味しいですよ。

「組み紐」「ドライフラワー」「株式投資」「ドローン」「寺社仏閣巡り」「ウクレレ」「ヨガ」「似顔絵」「骨董品」「お菓子作り」「吹きガラス」「ペーパークラフト」など、世の中にはたくさんの興味深い分野があります。これからみなさんの目の前に現れる人が何に興味を持っているかはわかりませんので、いろいろな分野に興味を示し、知識を得ておきましょう。

今まで踏み込んでいなかった分野に足を踏み入れると、失敗談や面白い話が必ず生まれます。そのエピソードをストックしていくと、会話のネタの引き出しが増え、話題を発信することができます。エピソードは会話の宝です。ただし、相手が興味を引くような話を、当意即妙に作るのはプロの方でも至難の業です。関西人は話にオチを付けて笑わせる人が多いですが、そのネタはほぼ確実にどこかで披露しているものです。

いろいろな機会に話を披露し、話の無駄をそぎ落とし、鉄板ネタに仕上げていきましょう。

34

視点① 話題を豊富に持つ

●他者とのコミュニケーションこそが話題を増やしていく

コミュニケーション能力を上げるためには、これまで述べてきたように「自分が体験したり調べたりして、話題を豊富に持つ」ことが必要ですが、「人とのコミュニケーションを通して話題が増えていく」ことも大いにあります。

みなさんも、人から教えてもらった知識は多いと思います。

私には、スターバックスコーヒーが大好きな知人がいます。その知人はスターバックスに2日に1回のペースで通っていますが、「コーヒーではなく紅茶」の魅力を切々と語ってくれます。「スターバックスはコーヒーを飲むところ」と認識していた私には衝撃的でしたが、それ以来「紅茶の魅力」にはまり、今では、飲み物の話の際には私自身が「スターバックスの紅茶」をすすめるようになり、私の自信のある話題の一つになっています。

韓流ドラマが好きな方と話すと、見所がわかり、韓流スターの名前も覚えられます。香川県出身の方と話すことで、テレビで紹介されているうどん屋よりもおすすめの店を知ることができます。プラモデル愛好者からは、初心者が最初に手を出すべきモデルも教えてもらえるでしょう。

その道のプロの方の知識を借りると、自分自身の持ちネタの幅も広がり、知識も飛躍的に深まります。

35

「20の視点」について、それらをどのように育てていくかを、実践的に説明します。

「20の視点」について4段階で学びます

課題とプレゼン例

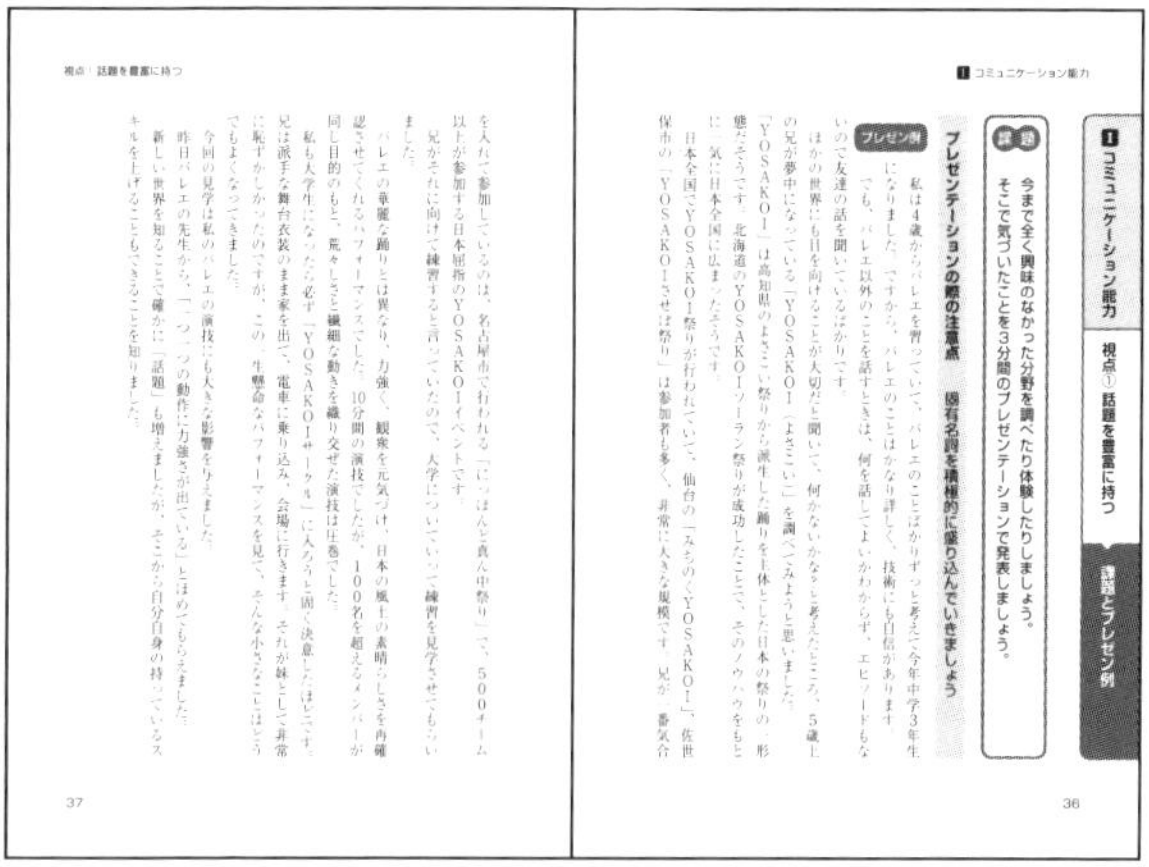
Ⅰ コミュニケーション能力

Ⅰ コミュニケーション能力　視点① 話題を豊富に持つ　課題とプレゼン例

課題
今まで全く興味のなかった分野を調べたり体験したりしましょう。
そこで気づいたことを3分間のプレゼンテーションで発表しましょう。

プレゼンテーションの際の注意点　固有名詞を積極的に盛り込んでいきましょう

プレゼン例

私は4歳からバレエを習っていて、バレエのことばかりずっと考えて今年中学3年生になりました。ですから、バレエのことはかなり詳しく、技術にも自信があります。

でも、バレエ以外のことを話すときは、何を話してよいかわからず、エピソードもないので友達の話を聞いているばかりです。

ほかの世界にも目を向けることが大切だと聞いて、何かないかなと考えたところ、5歳上の兄が夢中になっている「YOSAKOI（よさこい）」を調べてみようと思いました。

「YOSAKOI」は高知県のよさこい祭りから派生した踊りを主体とした日本の祭りの一形態だそうです。北海道のYOSAKOIソーラン祭りが成功したことで、そのノウハウをもとに一気に日本全国に広まったそうです。

日本全国でYOSAKOI祭りが行われていて、仙台の「みちのくYOSAKOI」、佐世保市の「YOSAKOIさせぼ祭り」は参加者も多く、非常に大きな規模です。兄が一番気合

36

視点① 話題を豊富に持つ

を入れて参加しているのは、名古屋市で行われる「にっぽんど真ん中祭り」で、500チーム以上が参加する日本屈指のYOSAKOIイベントです。

兄がそれに向けて練習すると言っていたので、大学についていって練習を見学させてもらいました。

バレエの華麗な踊りとは異なり、力強く、観衆を元気づけ、日本の風土の素晴らしさを再確認させてくれるパフォーマンスでした。10分間の演技でしたが、100名を超えるメンバーが同じ目的のもと、荒々しさと繊細な動きを織り交ぜた演技は圧巻でした。

私も大学生になったら必ず「YOSAKOIサークル」に入ろうと固く決意したほどです。兄は派手な舞台衣装のまま家を出て、電車に乗り込み、会場に行きます。それが妹として非常に恥ずかしかったのですが、この一生懸命なパフォーマンスを見て、そんな小さなことはどうでもよくなってきました。

今回の見学は私のバレエの演技にも大きな影響を与えました。

昨日バレエの先生から、「一つ一つの動作に力強さが出ている」とほめてもらえました。

新しい世界を知ることで確かに「話題」も増えましたが、そこから自分自身の持っているスキルを上げることもできることを知りました。

37

「20の視点」を育てるための課題（プレゼンテーション）と、その例を具体的に示します。

まとめ

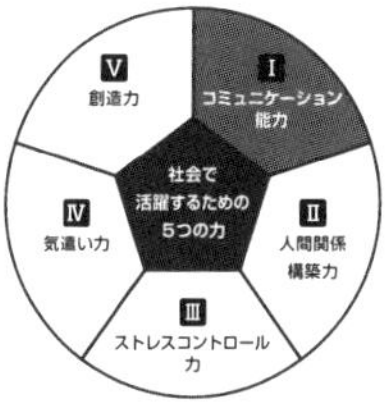

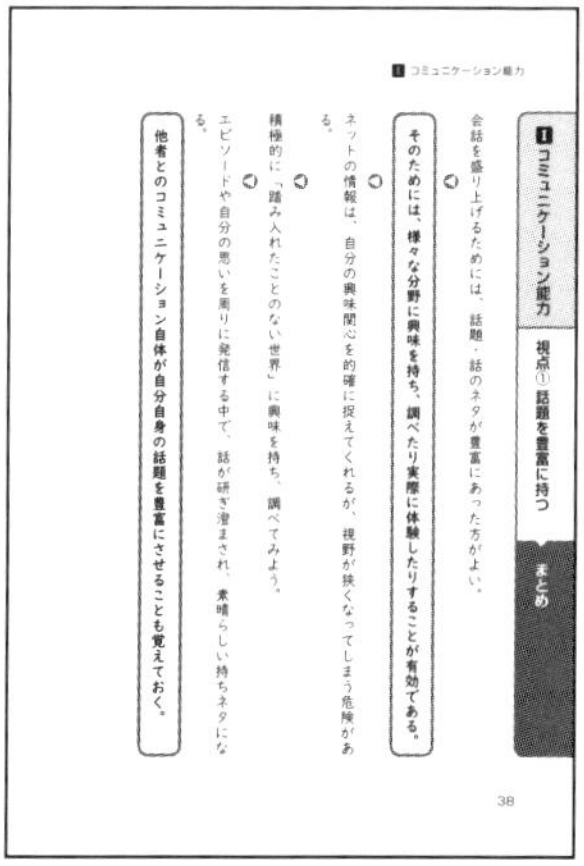
Ⅰ コミュニケーション能力

Ⅰ コミュニケーション能力　視点① 話題を豊富に持つ　まとめ

会話を盛り上げるためには、話題・話のネタが豊富にあった方がよい。

そのためには、様々な分野に興味を持ち、調べたり実際に体験したりすることが有効である。

ネットの情報は、自分の興味関心を的確に捉えてくれるが、視野が狭くなってしまう危険がある。

積極的に「踏み入れたことのない世界」に興味を持ち、調べてみよう。

エピソードや自分の思いを周りに発信する中で、話が研ぎ澄まされ、素晴らしい持ちネタになる。

他者とのコミュニケーション自体が自分自身の話題を豊富にさせることも覚えておく。

38

各視点のまとめです。

第1章
コミュニケーション能力

「この人ともっと話したいなあ」と思わせる力がコミュニケーション能力です。

相手を論破する力ではありません。

逆に、「この人と話しているとストレスがたまる」と思われる人は、コミュニケーション能力が低いと言えます。

コミュニケーション能力の高い人の元には「もっと話したい！」と思う人がどんどん集まってきます。社会に出ると、自分を守ってくれる「人垣」がどれくらい厚いかで、活躍できるかどうかが決まります。なぜなら一人では活動できないからです。

職場の人にも好かれ、お客様にも好かれたら、周りに人垣ができ、それがあなたを守ってくれるチームになり、確実に社会で成功します。

「早く行きたかったら一人で行け、遠くに行きたかったらみんなで行け」という言葉通り、チームは個人よりもはるかに強いです。

その「チーム」を作るには、まずは「あなたと話したい！』と思ってもらえるようにすることです。そして、チームは自分と同じ境遇の人だけで作るものより、いろいろなジャンルの人で作る集合体の方が強く、様々な場面で威力を発揮してくれます。

つまり、同年代や同じ境遇以外の人とも楽しく話すことが必要だということです。

あらゆる階層の方に「あなたともっと話したいなあ」と思ってもらえるようにしましょう。

Ⅰ コミュニケーション能力

視点① 話題を豊富に持つ

視点② 傾聴する

視点③ 相手を称賛する

視点④ ユーモアセンスを磨く

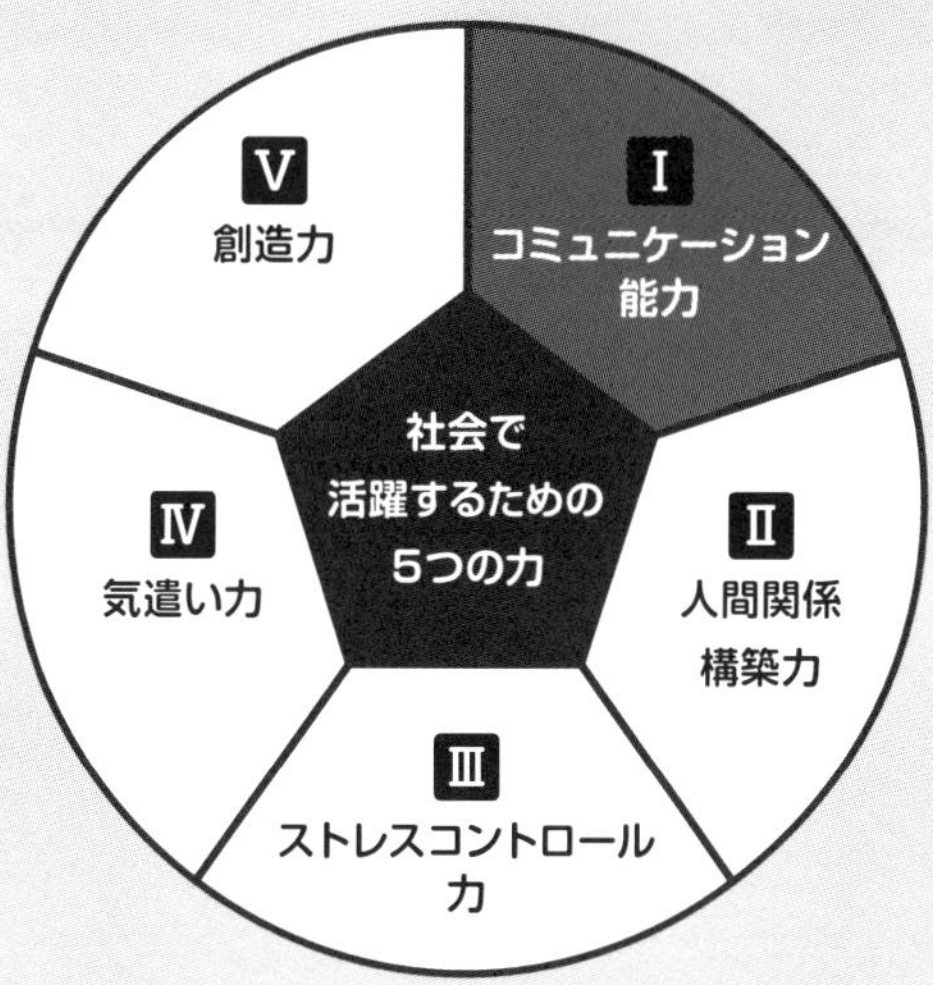

●様々なことに興味関心を持つ

私はかつてセンサーを販売する営業マンでした。たくさんの工場長や生産技術の責任者の方とお話ししましたが、話が盛り上がる場合、そうでもない場合、両方何度も経験しました。もちろん盛り上がる場合の方が営業成績はよくなりますし、トップ営業マンの商談では、会話のほとんどが仕事以外の話であったことは印象的でした。したがって、「どうしたら会話が盛り上がるのか?」を私もよく考えていました。

そんな時、かつての上司から、ソニー創業者盛田昭夫さんの「相手の電波が何チャンネルに合っているかを知って、その電波をこちらが出せばちゃんと相手は受信する。それがコミュニケーションだ」という有名な言葉を教えてもらいました。それ以来、相手の電波に合うような話題を発信することを心がけています。

ただ、相手の関心がわかっても、自分自身にその知識が全くないと、話題を発信させることも、会話を弾ませることもできません。やはり「話題の豊富さ」が必要です。

皆さんは、「鬼滅の刃」や「ピカチュウ」に興味のある10歳の少年と話を弾ませることができるでしょうか。はたまた相撲好きの70代の方と30分間話し込めるでしょうか。

コミュニケーションの上手な方は、どんな話題でも発信できるネタを持っていますし、ある程度の知識があります。

スポーツであれば、バレーボール、卓球、サッカー、野球あたりは当たり前ですよね。長けている方はフェンシングやカーリングであっても一通りの知識は持っているものです。私も、相手の趣味がガーデニングとわかれば、必要な用具や肥料の種類、種まきの時期くらいは話せるようになりました。

話題に上がった内容がわからない場合は「聞くことに専念」すればよいのですが、相手の趣味に関する知識を持ち合わせていた方が会話は数段弾みます。多岐にわたる知識を持ち合わせることがベストですが、そのためにも多岐にわたる事項に興味関心を持つことが大切です。

ネットに頼っていると、自分の好みや属性に合わせてパーソナライズされた情報しか入ってこなくなります。私はキャンプが大好きですので、テントやタープの情報が洪水のように押し寄せてきます。このようにアルゴリズムがはたらいて、興味関心のない情報には触れなくて済む一方、自分が好む情報しか入ってこなくなり、自身の視野や価値観は大いに狭まります。

2016年のアメリカ大統領選挙では、共和党のドナルド・トランプ氏と民主党のヒラリー・クリントン氏がしのぎを削っていましたが、それぞれの支持者には情報のパーソナライズによって、支持している候補者に関する投稿しか表示されなくなるという現象が起きました。

今は利用者側もアルゴリズムによる情報が表示されていることはわかっていますが、その仕組みに対抗して自分をコントロールできているかというと「できていない」のが実情です。

●自分が今まで興味のなかった分野に一歩踏み出す

私は美術関係に疎いのですが、疎いからこそ東山魁夷や平山郁夫を調べ、美術館に足を運んでいます。皆さんも情報の「食わず嫌い」をやめて、話題の場所に行ってみましょう。

流行している事項はすぐに調べる習慣をつけることも大切です。スポーツに興味のある方は、手芸や絵画の本を手に取ってみてください。俳句に興味のある方は、一度キャンプに参加してみることをおすすめします。ダッチオーブン料理、とても美味しいですよ。

「組み紐」「ドライフラワー」「株式投資」「ドローン」「寺社仏閣巡り」「ウクレレ」「ヨガ」「似顔絵」「骨董品」「お菓子作り」「吹きガラス」「ペーパークラフト」など、世の中にはたくさんの興味深い分野があります。これからみなさんの目の前に現れる人が何に興味を持っているかはわかりませんので、いろいろな分野に興味を示し、知識を得ておきましょう。

今まで踏み込んでいなかった分野に足を踏み入れると、失敗談や面白い話が必ず生まれます。そのエピソードをストックしていくと、会話のネタの引き出しが増え、話題を発信することができます。エピソードは会話の宝です。ただし、相手が興味を引くような話を、当意即妙に作るのはプロの方でも至難の業です。関西人は話にオチを付けて笑わせる人が多いですが、そのネタはほぼ確実にどこかで披露しているものです。

いろいろな機会に話を披露し、話の無駄をそぎ落とし、鉄板ネタに仕上げていきましょう。

●他者とのコミュニケーションこそが話題を増やしていく

コミュニケーション能力を上げるためには、これまで述べてきたように「自分が体験したり調べたりして、話題を豊富に持つ」ことが必要ですが、「人とのコミュニケーションを通じて話題が増えていく」ことも大いにあります。

みなさんも、人から教えてもらった知識は多いと思います。

私には、スターバックスコーヒーが大好きな知人がいます。その知人はスターバックスに2日に1回のペースで通っていますが、「コーヒーではなく紅茶」の魅力を切々と語ってくれます。「スターバックスはコーヒーを飲むところ」と認識していた私には衝撃的でしたが、それ以来「紅茶の魅力」にはまり、今では、飲み物の話の際には私自身が「スターバックスの紅茶」をすめるようになり、私の自信のある話題の一つになっています。

韓流ドラマが好きな方と話すと、見所がわかり、韓流スターの名前も覚えられます。香川県出身の方と話すことで、テレビで紹介されているうどん屋よりもおすすめの店を知ることができます。プラモデル愛好者からは、初心者が最初に手を出すべきモデルも教えてもらえるでしょう。

その道のプロの方の知識を借りると、自分自身の持ちネタの幅も広がり、知識も飛躍的に深まります。

課題

今まで全く興味のなかった分野を調べたり体験したりしましょう。
そこで気づいたことを3分間のプレゼンテーションで発表しましょう。

プレゼンテーションの際の注意点　固有名詞を積極的に盛り込んでいきましょう

プレゼン例

私は4歳からバレエを習っていて、バレエのことばかりずっと考えて今年中学3年生になりました。ですから、バレエのことはかなり詳しく、技術にも自信があります。

でも、バレエ以外のことを話すときは、何を話してよいかわからず、エピソードもないので友達の話を聞いているばかりです。

ほかの世界にも目を向けることが大切だと聞いて、何かないかな?と考えたところ、5歳上の兄が夢中になっている「YOSAKOI（よさこい）」を調べてみようと思いました。「YOSAKOI」は高知県のよさこい祭りから派生した踊りを主体とした日本の祭りの一形態だそうです。北海道のYOSAKOIソーラン祭りが成功したことで、そのノウハウをもとに一気に日本全国に広まったそうです。

日本全国でYOSAKOI祭りが行われていて、仙台の「みちのくYOSAKOI」、佐世保市の「YOSAKOIさせぼ祭り」は参加者も多く、非常に大きな規模です。兄が一番気合を入れて参加しているのは、名古屋市で行われる「にっぽんど真ん中祭り」で、500チーム以上が参加する日本屈指のYOSAKOIイベントです。

兄がそれに向けて練習すると言っていたので、大学についていって練習を見学させてもらいました。

バレエの華麗な踊りとは異なり、力強く、観衆を元気づけ、日本の風土の素晴らしさを再確認させてくれるパフォーマンスでした。10分間の演技でしたが、100名を超えるメンバーが同じ目的のもと、荒々しさと繊細な動きを織り交ぜた演技は圧巻でした。

私も大学生になったら必ず「YOSAKOIサークル」に入ろうと固く決意したほどです。兄は派手な舞台衣装のまま家を出て、電車に乗り込み、会場に行きます。それが妹として非常に恥ずかしかったのですが、この一生懸命なパフォーマンスを見て、そんな小さなことはどうでもよくなってきました。

今回の見学は私のバレエの演技にも大きな影響を与えました。

昨日バレエの先生から、「一つ一つの動作に力強さが出ている」とほめてもらえました。

新しい世界を知ることで確かに「話題」も増えましたが、そこから自分自身の持っているスキルを上げることもできることを知りました。

I コミュニケーション能力

視点① 話題を豊富に持つ

まとめ

会話を盛り上げるためには、話題・話のネタが豊富にあった方がよい。

そのためには、様々な分野に興味を持ち、調べたり実際に体験したりすることが有効である。

ネットの情報は、自分の興味関心を的確に捉えてくれるが、視野が狭くなってしまう危険がある。

積極的に「踏み入れたことのない世界」に興味を持ち、調べてみよう。

エピソードや自分の思いを周りに発信する中で、話が研ぎ澄まされ、素晴らしい持ちネタになる。

他者とのコミュニケーション自体が自分自身の話題を豊富にさせることも覚えておく。

Ⅰ コミュニケーション能力

視点① 話題を豊富に持つ

視点② 傾聴する

視点③ 相手を称賛する

視点④ ユーモアセンスを磨く

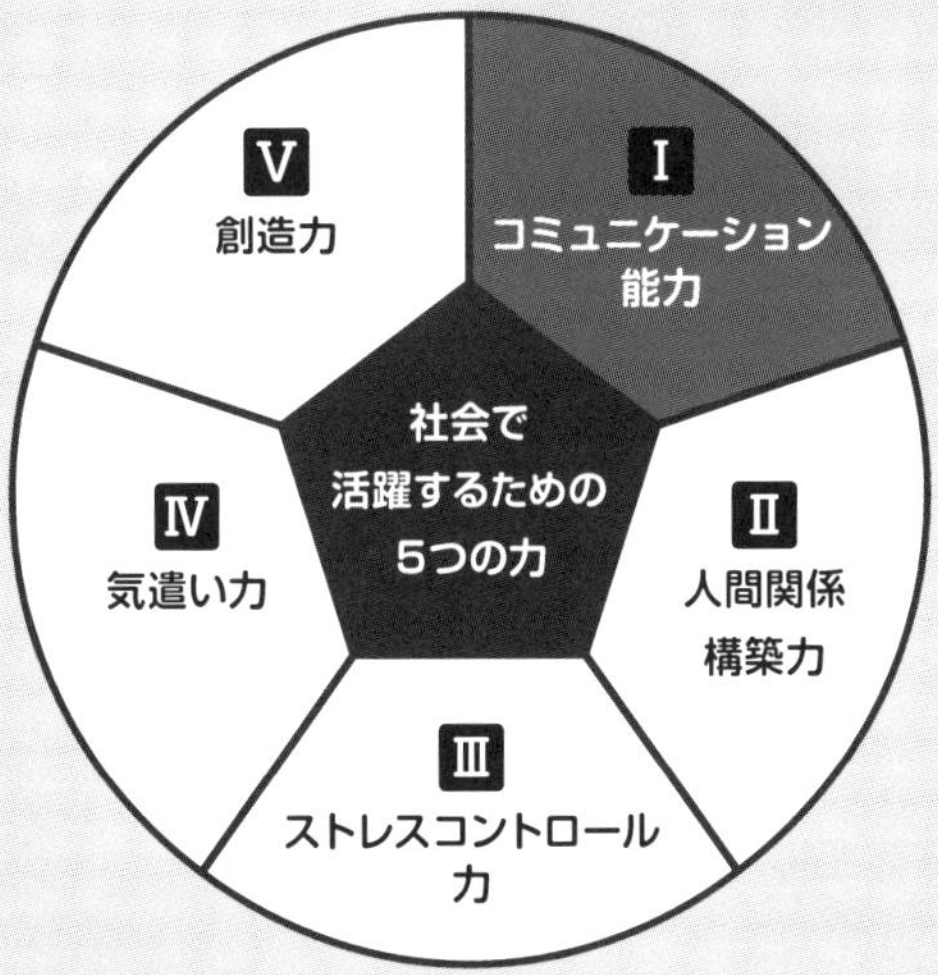

●みんな、自分の話を聞いてくれるよい聞き手を欲している

私がよく行く診療所の先生は話をちゃんと聞いてくれます。私の腰痛や胃もたれなど先生にとっては些細なことでしょうが、深刻に話す私の話に時間を気にすることなく「うんうん」と大きくうなずきながら同調してくれます。当たり前ですが、結果的に、地域の方々に絶大な支持を受けて、毎日たくさんの患者さん（話者）であふれています。

「コミュニケーション能力が高い人」とは「話すのがうまい人」と思っている方は多いです。ただ、コミュニケーションの大半は「聞くこと」です。その意味では、よい聞き手こそがコミュニケーション能力の高い人と言えます。どの時代も「よい聞き手」は重宝されますが、特に現在はSNSで自分のことを発信する人が増えていますので、ますます「聞いてあげられる人」が貴重な存在になってきています。「うんうん、わかるよ」と相手の話を聞くことができる人は貴重で、当然みんなから「好かれ」ます。

私が学生時代、休み時間に「ある人」の机に常に5～6人が集まる光景がよくありました。みんなが集まってくる「ある人」は、「話を聞いてあげられる人」でした。「うんうん、わかる！」「ふうん、すごいね」「それってどういうこと？」と人の話をどんどん聞ける子でした。著書「聞く力」の中で阿川佐和子さんが「自分の話を聞いてほしくない人はいない」と語っていますが、私の知る「ある人」はこの本を読んでいたかのようでした。

●聞き手こそがコミュニケーションの主役

先日、親戚の結婚式に参列しました。親族一同が式場で撮った集合写真ができ上がった時、真っ先に確認したのは、ウェディングドレス姿の主役の花嫁さんではなく、後列の隅にいる自分でした。主役の花嫁さんよりも自分の姿を気にしてしまうのはよくある話だと聞いていましたが、しっかりやっていました。

また、保育園や幼稚園の運動会や発表会にもよく行きましたが、かけっこ1番のお子さんや主役の園児を撮影するのではなく、我が子の晴れ姿しか撮っていないご家庭は多いですよね。

当たり前ですが、みんな、自分に大きな興味があるのだと思います。

そんな自分に興味を持ち、話を聞いてくれる相手には、当然ですが好意を持ちます。

私はバラエティ番組が好きで、「さんまのまんま」や「さんま御殿」など、さんまさんの番組をよく見ます。さんまさんはゲストの方に興味を持ち、どんどん話を振り、ゲストの話を聞いています。さんまさんが話しているのはたったの数分で、ゲストの方が大半を話しています。よく見ていると、さんまさんの相づちは本当にお上手ですね。上手な相づちだからこそ、ゲストはイキイキと話すことができています。しかも満面の笑みで。

だからこそ、あの楽しい場をつくることができ、それが視聴者に伝わっていくのです。

聞き手こそ主役、それを思い知らされます。

●相づち力

私は塾で歴史を教えているのですが、昔の人はすでに「傾聴する」ことの重要性をわかっていました。3000年前の古代ユダヤのソロモン王が「賢者は聞き、愚者は語る」という言葉を残しています。「3000年前」には本当に驚きます。

「よい聞き手」はいつの時代も、何年経っても、高く評価される人になります。

よい聞き手になるためには「相づち力」が必要になってきます。

先に紹介した診療所の先生はこの相づちが本当に素晴らしいです。優しい目で、ゆっくりうなずきながら、「そうですか、それはつらかったですね～」と相づちを打ってくださいます。さんまさんも関西弁で上手に相づちを打たれます。「はあ、なるほどな～」「おう、ほいで?」「それから?」「ホンマに?」「嘘!?」と。そうするとゲストは話すのが楽しくなり、自分のエピソードをどんどん話せます。当然ですが、相手の目をきちんと見ています。

相づちを打つ時の「表情」や「声の質」も大切です。

保育園や幼稚園の先生を思い出してみてください。園児の視線になって、満面の笑顔で、「うんうん」って聞いてくれていましたよね。あれこそが完璧な相づちです。

怖がりな園児があそこまでのびのびと話すことができる空間をつくっている先生から学ぶべき点は多いのです。保育士さんや幼稚園の先生は相づちのプロ中のプロです。

●否定はしない

皆さんは発言するとき、「否定されないかな」という恐怖感を持ったことはないですか？

私は常に持っています。一般的に、人は「非難されないか？」「反対されないか？」という恐怖心を持っていますので、相手を否定するような相づちを打つことはNGです。

「なるほど〜。ただね…」「そうは言うけど、あなたはそもそも…」

これは、ダメです。

自分の意見を伝えるのも優しさですが、まずは相手の意見を理解し、同調してあげることが、相手から好かれるポイントです。相手からの信頼を勝ち得てから、相手が求めてきたら自分の意見を伝えるようにしましょう。

また、否定をする以外にもやってはいけない相づちはいくつかあります。

①相手が話しているのに「はい、はい、はい」と、理解した旨を伝えてくる。

②先を急がせる。「なるほどなるほど。それで？」

③相手の話を自分の話にしてしまう。「あなた、海に行ったの！海に行ったと言えば、私も先週海に行ったんだけど、そこで…」

④相手を見ずに、相手の方を向かずに、相づちをする。

いずれも嫌われます。

課題

友人の話を聞いてあげましょう。その際に注意するのは、絶対に否定せず、気分よく話してもらえているかを意識することです。実践してわかったことを3分間のプレゼンテーションで発表しましょう。

プレゼンテーションの際の注意点　印象に残るフレーズを言いましょう

プレゼン例

先に、僕はお母さんが読んでいた「傾聴」に関する本が前から気になっていたということを皆さんに白状しておきます。

お父さんからこの課題をもらい、「よし！」とばかりに、まずはお母さんの本の中からその本を借りました。その本の中で僕が一番刺さった言葉は「相手に気づきを与える質問をすることが最高の傾聴だ」というフレーズです。

僕も相手の話をじっくり聞いて、相手に新たな気づきを与えられればなあと思いました。

僕の親友に水泳部の中村くんがいます。

彼はキャプテンとして部をまとめていましたが、馬が合わない中学1年生の黒木くんの指導に悩んでいました。

そこで帰り道の20分、彼の話を聞きました。

『よかれと思って指導したことを、黒木君には全て悪意に捉えられるんだよね～』

『人一倍期待しているからこそ細かく指導してあげているのに、黒木君は副キャプテンの城島君に指導してもらいたい、と周りに愚痴を言ってるらしい』

そんな悩みを打ち明けてくれました。

僕は、『へえ～』『そっか～』としか言えず、その時点ではうまい相づちができたとは言えませんでした。でも自分の話をして中村君の話を遮ることだけはしないようにと心がけました。

別れる十字路に差しかかった時、僕は、

『そうか～。君は本当に黒木君に期待しているんだね。それが彼に伝わったらいいのになあ』

と、感想とも相づちとも言える発言をしました。すると、中村君は急に立ち止まり
『そういえば、俺、あんまり黒木君に、期待しているってことを伝えていなかったなあ～。う～ん、それがいけなかったのかなあ～』と言い出しました。そして、

『明日個別に黒木君と話してみるよ。そして黒木君が将来のキャプテン候補であることを伝えてみるよ。今日は俺の悩みを聞いてくれてありがとう！』

と大きな声で言ってから手を振って走って帰っていきました。

「相手に気づきを与える質問をすることが最高の傾聴だ」を、ほんの少し実践できたのかな、と思っています。

コミュニケーションの大半は聞くことであり、コミュニケーションにおける主役は「聞き手」である。
みんな自分の話を聞いてもらいたがっている。

◀「よい聞き手」はみんなから好かれ、人が集まってくる人材になる。

◀相づちを打てる力が必要になってくる。

◀**相手の方を見て、笑顔で話を聞く。**
先を急がせず、相手の話を取ってしまわない。

◀**じっくり聞いて、相手に気づかせる質問ができる傾聴力があれば最高です。**

Ⅰ コミュニケーション能力

視点① 話題を豊富に持つ

視点② 傾聴する

視点③ 相手を称賛する

視点④ ユーモアセンスを磨く

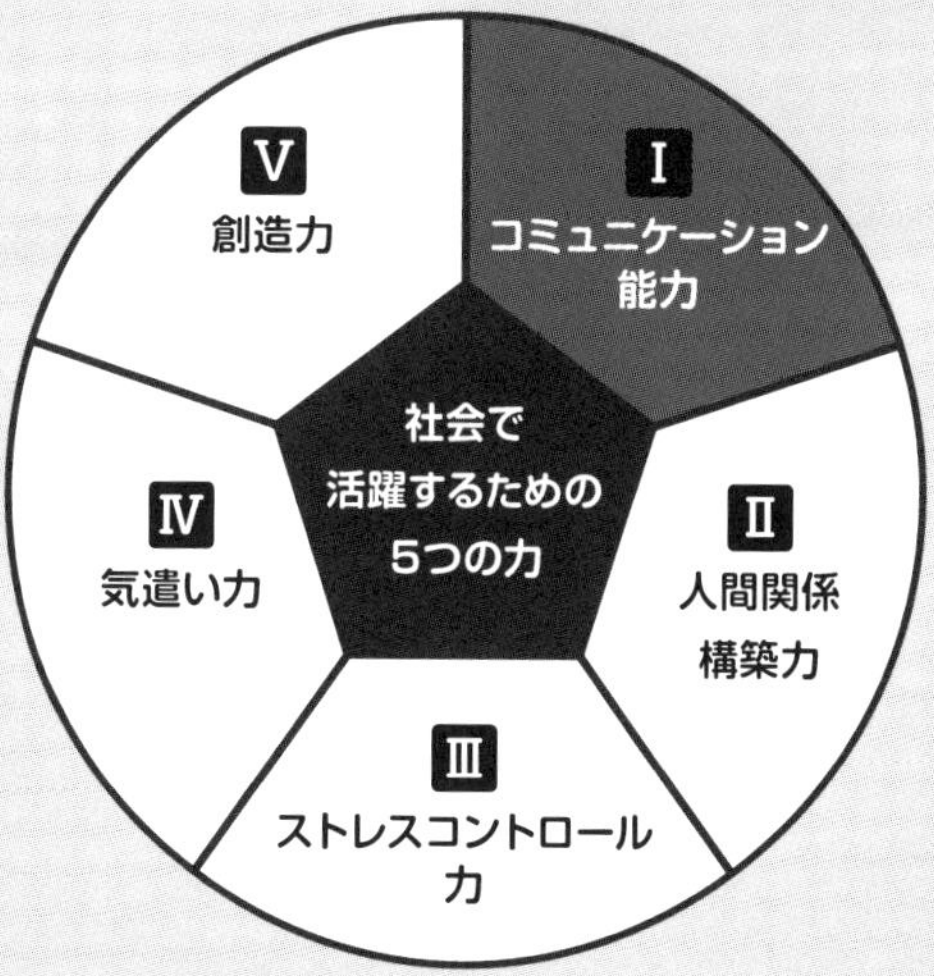

●ほめる人の周りには人垣ができる

私が学生から社会人になり一番びっくりしたことは、「相手をほめる」社会人がとても多いということでした。中にはお世辞もあったでしょうが、ほとんどは心から相手を敬っての発言でした。なぜ社会人はここまで相手をほめるのかは、実際に仕事をしてみてわかりました。「仕事は一人ではできないから」が、その理由でした。他者の協力があってこその仕事ですので、関係者の方に機会あるごとに感謝や尊敬すべき点を伝えるのは当たり前のことだとわかりました。そうすることで自分が困った時に協力してくれる人が出てきてくれます。学生時代に「ほめる」ことをそこまでしなくても済むのは、協力者をそこまで必要としていないからです。

ただ、人は周囲から認められたり、ほめられたり、尊敬されたりしたいという願望をもともと持っています。皆さんもほめてもらいたいですよね。相手もそれを望んでいるということはわかっておくべきです。

そして、あなたは他者からほめてもらえたら、その相手をどう思うでしょうか?

当然、好印象を持つでしょうし、もっと言うと、好きになってしまいますよね。

ということは、「あなたが相手をほめる」と「ほめた相手からあなたは好かれる」ということです。好かれるということはあなたの周りにたくさんの人が集まってくるということです。

その人垣こそがあなたを助けてくれる大きなパワーになります。

私は高校野球が大好きですので、好んで感動するエピソードを読んでいます。その中に2007年全国高校野球選手権大会で初優勝した県立佐賀北高校の記事を発見しました。このチームは、相手チームがヒットを打つと「ナイスバッティング！」と称え、相手投手が素晴らしいピッチングをすると「ナイスピッチング！」と言って、とにかく相手をほめたそうです。すると、対戦相手も観客もことごとく佐賀北高校のファンになっていき、決勝戦では、今までの対戦相手の多くが応援席に駆けつけたということでした。

相手を称える精神がいかにすさまじいパワーを持っているかがわかります。

ただこの場合も、うわべだけの声かけではここまで相手を感動させられなかったでしょう。いわゆる「お世辞」はダメだということです。心から相手に敬意を持っていることが伝わるものでないといけません。私の尊敬する経営の神様松下幸之助さんは、うわべだけでほめるのではなく、心から相手を尊重することが大切であることを説いています。

「ええか、きみ、経営をしておっても、どの人も王者だという考え方を根底に持っておらんとあかん。そこが大事やで。社員の誰に対しても、ああ、この人はすばらしい存在なんや、偉大な力を持った人なんやと考えんといかんね。それを、これはたいした人間ではないとか、昨日入ってきたばかりの、なんも知らん社員やとか、あるいは力の無いつまらん人やとか、そういう考えで社員と話をしたらダメやな。むしろ、部下が偉く見えるという気分にならんとな」

●ほめるにはほめ言葉を増やす

みなさんはほめ言葉をいくつ言えますか？

私は、一般社団法人「日本ほめる達人協会」の検定級を持っていますが、おかげでほめ言葉が大いに増えました。「責任感があるね」、「礼儀正しいね」、「協力的ですね」、「他者の気持ちがわかる方ですね」、「何事にも熱心ですね」、など、たくさんほめ言葉を知っていると、スムーズに相手をほめることができます。そしてもう一つ大きなメリットしては、「その視点で相手を見ること」ができるということです。「礼儀正しいね」というほめ言葉を知っていると、相手が靴を揃えたことに目がいくということです。ほめ言葉を数多く知っていると、ほめる視点が増え、相手の長所がどんどん見えてきますので、おすすめです。一例を挙げておきます。

①笑顔以外の表情がよかったです。②毎日エネルギーがほとばしっていますね。③目力があり、迫力が落ちませんね。④いつも持てるパワーを総動員していますね。⑤一人ひとりに丁寧ですよね。⑥次を期待させるパフォーマンスでしたね。などなど。

●ほめる箇所に注意して相手基準で考える

ほめる場合、「持ち物」、「相手が行（おこな）ったこと・達成事項（ＤＯ）」、「相手の本質・人柄（ＢＥ）」の３つに分類すると注目しやすくなります。

みなさんは、どの部分をほめられたらうれしいですか？

やはり、「本質・人柄（BE）」ですよね。他者も同じだということは知っておきましょう。

（持ち物）「スタイリッシュでセンスのいい腕時計をされておられますよね」

（DO）「アポイントの電話、工夫されていましたよね」

（BE）「気遣いが細やかで、人の気持ちがわかる方ですね」

また、自分と比べて相手をほめる人が多いですが、**「相手が成長した点」に注目するとすぐにほめ言葉が出てきます。**

「前よりも仕事の焦点がだんだん合ってきて、一つ一つの行動に深みが出てきたね」

●ほめる時は根拠を示す

根拠を示すと信憑性が増し、相手への評価が誠実であることが証明されます。すなわち、お世辞ではないことが伝わります。

「締切にきちんと間に合わせるところが、あなたの誠実さを物語っていますね」

「御社の社員の方は皆さん私に笑顔で挨拶してくださいますね。だから御社は生き生きしてこんなにも発展していらっしゃるんですね」

根拠を述べることであなたの誠実さも伝わります。

I コミュニケーション能力 視点③ 相手を称賛する 課題とプレゼン例

課題 家族や友人のよいところを探し、ほめてあげてください。その時気づいたことを3分間のプレゼンテーションで発表しましょう。

プレゼンテーションの際の注意点　喜怒哀楽の感情を出して発表しましょう

プレゼン例

私には2つ年下の弟がいます。

私は小学1年生から書道を習っていたのですが、弟はサッカーを頑張っていたので書道教室には通っていませんでした。

それもあって、弟の「字」が気になって気になって仕方がありませんでした。

『6年生なんだし、もうちょっと丁寧に書きなさいよ！』

『こんな字でよく学校に提出するわね、信じられない！』

と、結構厳しい口調で責めていました。

いくら言っても弟は何食わぬ顔で『はいはい』と言いながらサッカーに行ってしまいます。

聞いてくれないので腹が立って仕方がなかったのですが、お母さんに「ほめる」ことの重要性を教えてもらったので、ほめることに挑戦してみました。

こたつで寝っ転がって勉強している弟に、

『名前、前よりきれいな字で書けてる！すごい！』とほめてみました。

すると、『うそ⁉ 本当に？ どこが？』と、身を乗り出していろいろ尋ねてきました。

『うん、この「有」の「月」の部分が前より上手になってる。「字」のセンスあるよ！』

と、具体的に説明しました。

すると、寝っ転がっていた弟が、むくっと起き出し、正座をして宿題をやり始めました。

お母さんにもそのことを伝えて、お母さんからもほめてもらいました。

それから2日後に、弟が
『俺、木曜日空いてるから、書道教室行ってみようかな？』

と、言い出しました。

字を直してやろうと思って、あれほど言ってあげていたのに全く聞いてくれなかった弟が、ちょっとほめただけで自分から字をきれいに書きたくなったようです。

「ほめる」ってすごい効果があるんだなあとびっくりしました。

今思えば、ほめると相手もうれしくなりますが、ほめた私もうれしくなっていることに気づきました。

友達をほめることはあっても、家族をほめることは今までなかったので、これからもどんどん身近な人をほめていきたいです。

相手をほめるとその人から好かれ、自ずと自分の周りに人が集まってくる。

時代に関係なく「ほめる」ことは人間関係を強化させる。

相手を心から尊敬してほめるべきである。

◀

ほめ言葉をたくさん知ることで、その視点で相手を見ることができるようになる。
根拠や証拠を示して、相手をほめると信憑性が増す。
持ち物、達成事項、相手の本質に分けると注目しやすい。
自分自身と比べるのではなく、相手自身の成長度合いをほめてあげる方がよい。

Ⅰ コミュニケーション能力

視点① 話題を豊富に持つ

視点② 傾聴する

視点③ 相手を称賛する

視点④ ユーモアセンスを磨く

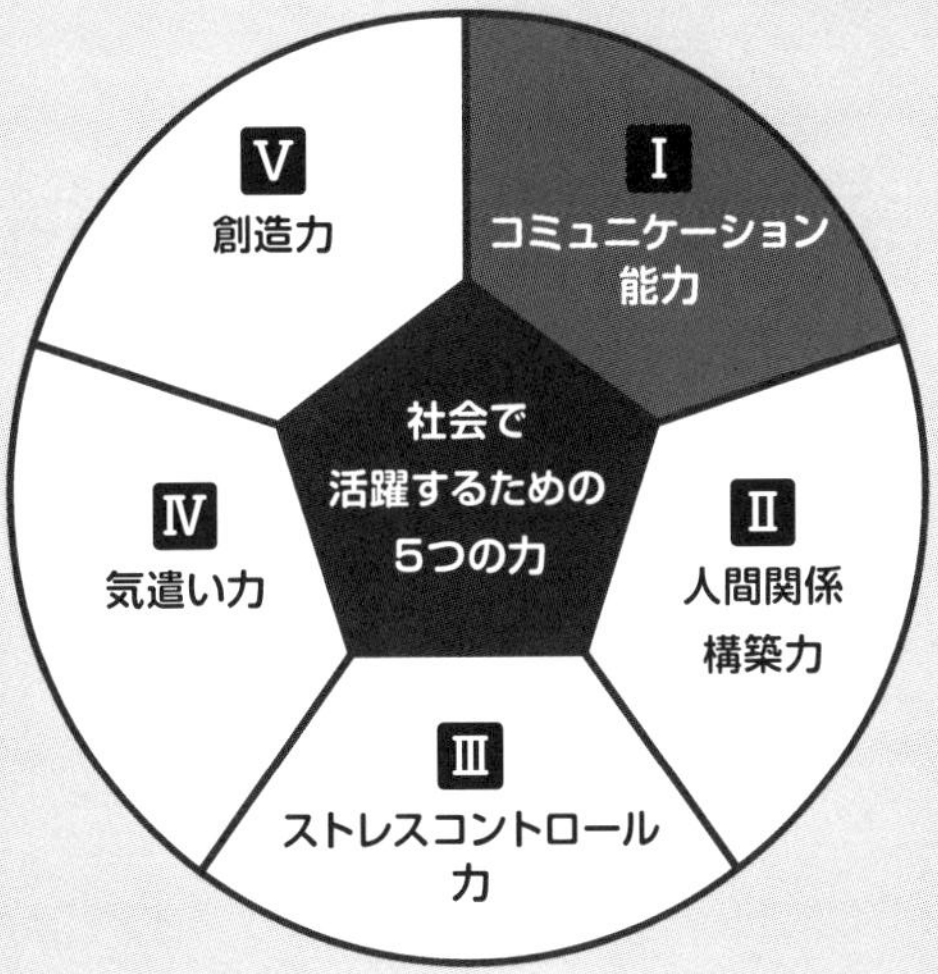

●ユーモアセンスのある発言や行動は好まれる

世界的人材育成機関デール・カーネギー・トレーニングで、延べ1000人以上のプレゼンテーションの審査に立ち会いましたが、ユーモアセンスのあるプレゼンが圧倒的に高評価でした。また、学生時代にたくさんの授業を受けてきましたが、ユーモアのある先生の授業の方が確実に生徒から支持を得ていました。そして社会人となり様々な方とお話ししてきましたが、ユーモアセンスのある方は常に人に囲まれていて、リーダー的な存在になっていることが多いことを確認してきました。そして自分が授業をするようになった時、一番初めに取り組んだことはユーモアセンスを鍛えることでした。「楽しくない時間を過ごしたいと思う人はいない」からです。ユーモアセンスは「あったらいい力」ではなく「なくてはいけない力」と位置づけ、とくに全体の前で発表する機会が多いリーダー的存在の方には必須項目だと私は考えています。

ユーモアは人間関係の潤滑油にもなり、ユーモアを交えることで意外と攻めた発言をすることもでき、組織をまとめなければならない立場の人ほど、必要になってきます。調べたところ、脳科学者の茂木健一郎氏も、リーダーにはユーモアセンスは不可欠だと主張しています。ユーモアは自分たちの置かれている状況を客観的に認識できる「メタ認知」が備わっていることのアピールにもなるからだそうです。確かにアメリカ映画を見ていると危機にさらされているとき、ジョークを交えた会話が交わされますね。ジョークによって自分たちの状況を客観的に判断できていると、自信や余裕を感じることができ、安心につながります。

また、アサヒグループＨＤ元会長兼ＣＥＯ泉谷直木氏も、「リーダーには場の雰囲気を和らげ、部下の心を落ち着かせるユーモアのセンスが必要だ」と述べられていました。

リーダーと言えば、織田信長もちょっとしたユーモアセンスを持ち合わせていました。桶狭間の戦いに向けて戦勝祈願をする際、部下の加藤順盛《かとうのぶもり》に声をかけ、「お神酒の酌をせよ」と命じ、『**加藤**よ、今日の戦は**勝とう！**』と叫んだ逸話が残っています。兵士たちも、我が大将の余裕を感じ取り、緊張がほぐれたことでしょう。

アメリカ合衆国大統領にもなればユーモアエピソードにはこと欠きません。

オバマ元アメリカ大統領は、任期中、ジョーク担当のスピーチライターとしてデビット・リットという24歳の若者を側近としてつけていました。大統領が発言するシナリオライターにジョークを専門的に考える役職があることが驚きですし、ユーモアの重要性がわかります。

共和党のレーガン元大統領は、大統領に就任して間もない時に狙撃され、救急病院に運ばれました。弾丸摘出の緊急手術の前に、周囲の心配をよそに、医師たちに向かって『ところであなた方はみな共和党員だろうね？』とユーモアを交えて尋ねたそうです。ちなみに執刀外科医は民主党員でしたが、それに対して、『大統領、大丈夫です、今日一日は、我々は共和党員です』と答えたといいますから、アメリカ社会のユーモアの浸透には脱帽です。

●ユーモアセンスは小学生・中学生時代の感性が重要

「話の最後にはオチをつけるのが当たり前」と言われる関西地方で育ってきましたので、小さいころから「普通の発言」はしないようにと鍛えられました。それもあってか、英語の発音と同じく、ユーモアや笑いのセンスは、幼少期から小学生、中学生時代に培われると思っています。早くから取り組んだ方が、ネタの数、トライ&エラーをできる数が格段に増え、センスを磨きやすいです。

まずは、学生時代に、お笑い番組や漫画、書物の中でおもしろいと感じたものをストックしていき、それを様々な場面でトライすることが大切です。先ほど言いましたが、このストック数が大切で、これは年月を要することですので、早い方が得をします。

そして獲得したネタをどんどん披露し、相手の反応を見て、微調整をしていきます。

ただ、「おもしろい」と感じるものが他者と大きく異なる場合は要注意です。人と感性が異なると、一生懸命情報収集したとしても、ずれたネタをストックしていくことになります。そうなると、周りが共感できないようなネタを収集していくことになります。

皆がおもしろいと感じるものを自分もおもしろいと感じられるように、幼少期・小学生・中学生時代から感性を磨く必要があります。それには、様々なジャンルのユーモアを数多く見聞きすることが大切ですので、勉強のつもりで積極的に視聴していきましょう。

●トライ&エラー

ユーモアセンスを鍛えるにはトライ（TRY）&エラー（ERROR）しかありません。

仕入れたネタをどんどん披露して、微調整して、自分のネタにしていくしかありません。

自分の発言でみんなが笑ってくれた時にユーモアを発することに快感を覚えるはずです。

まずは気心の知れた相手に勇気を出して披露していってください。ちなみに、ユーモアや笑いは、想定される**常識をずらすところに生まれます**ので、「世間一般の常識」が身についていることが大前提になります。物事の分別もしっかり学習しましょう。

習字や空手、ダンスやスイミングは、上手な人のパフォーマンスを見て真似ようとしますよね。同じように勉強も、解き方の見本を習ってトレーニングをしていきます。

笑いやユーモアも同じです。アメリカのスタンドアップコメディや日本の漫談、落語から学んでください。有名なお笑い芸人とされるサンドウィッチマン、ミルクボーイといったプロの漫才を完全に再現できるようにするトレーニングもおすすめです。実際お笑い芸人を目指す方々はこの練習を行います。いきなりネタを自分で考えるよりもハードルは低く、一級品の見本を演じることで、笑いの構成、常識からのずらし方、間のとり方、つっこむポイントが磨かれ、お笑いの「センス」が磨かれます。

ユーモアが突然浮かぶことは少ないので、ネタをたくさん収集していくことが大切です。

I コミュニケーション能力 視点④ ユーモアセンスを磨く 課題とプレゼン例

課題

評価の高い漫才師さんの演目を学び、完全コピーしたものを気心の知れた友達か家族の前で披露しましょう。

漫才を行ってわかったこと、そして今後どういう行動を取ろうと思っているかを3分間のプレゼンテーションで発表しましょう。

プレゼンテーションの際の注意点　何が言いたかったのか最後にまとめましょう

プレゼン例

初めて漫才を行いましたが、みんなが共通して思っていることを明確にして届けると笑いになることがわかりました。

大親友の鈴木くんとコンビを組んで、ミルクボーイさんのネタを、教室で友人3人の前で完全コピーして披露しました。

台詞をかけ合うので、相手の発言を待つ間の自分の表情や、自分が話し出すときの「間」の取り方がとても難しかったです。

ネタの内容に関しては、「あるある」的な内容を多く盛り込んでいることがわかり、誰も傷つけない優しい笑いが起こっていることが実感できました。

今回の笑いの種類は、普通の感性を持っているだけで笑いにつながることがわかったので、日常で「あるある」的な内容を逐一メモし、友達に披露してセンスを磨いていきたいです。

ちなみに今回メモした学校での「あるある」としては、
卒業式前日に『明日泣く？』って聞いてくる人がいる
体育館の天井にバレーボールが挟まっている
全校集会でみんなが静かになるまでの時間を計る先生がいる
『遠足は帰るまでが遠足です』という先生がいる
マラソン大会で女子は一緒に走る約束をする
です。

メモしたことを披露することが大切だと学んだので、友人との会話の中でどんどんトライしていきます。

まとめますと、
プロのお笑いを完全コピーすると、表情や間の取り方が学べ、「あるある」の楽しさは人を傷つけない理想的な笑いだとわかりました。
日常の中で「あるある」をメモし、どんどん披露していくことが大切だと学びました。

ユーモアセンスのある人は支持を得やすい。

◀ 組織を束ねるリーダーにはとくにユーモアセンスが必要である。客観的判断ができていることが伝わり、部下に安心を与えられる。

小中学生でユーモアセンスを磨くため、トライ&エラーを繰り返しましょう
ネタは常に収集する癖をつけ、どんどん披露していきましょう。
勉強やスポーツ同様、プロを真似て、「笑いの構成」、「間」などをトレーニングしていきましょう。

第2章
人間関係構築力

人間関係で「悩んでいない」人を探すのは難しいです。「人で喜ばせてもらう」ことも多々ありますが、同じく「人で悩む」こともこれまた多いです。だからこそ、人間関係を上手に構築できるようになれば、人で悩むことも少なくなり、逆に人が自分に協力的になり、支持してくれるようになります。「この人と一緒に仕事をしてみたい！」「この人と同じ目的で一緒に活動してみたい！」と思ってくれる人が増えるのです。こんなに素晴らしいことはありません。

ただ、周りにそう思ってもらうためには、相当な人徳がないと難しいです。

「人間関係がうまく構築できない」と悩んでいる人は、「相手が自分の希望している行動をとってくれない」という発言をします。「他人と過去は変えられない」という言葉があるように、いくら相手を変えようとしても相手は変わることはなく、自分の希望する行動はとってくれません。そして他者を変えようとする限り、良好な人間関係は構築できません。

人間関係を上手に構築している多くの人は、「他者へのはたらきかけではなく、自分の行動を変える」ことに一番重きを置いています。例えば、あなた自身が、不平不満を言わず、笑顔で、熱意を持って物事に取り組んでいれば、何も言わなくても他者はあなたに対して、「誠実で裏切らない人だからついていきたい」、「常に前向きだから一緒に居て自分もポジティブになれる」「ひたむきで一生懸命だから私も協力したい」といった感情を持つでしょう。

その思いを抱かせて初めて、自分の望んでいる行動を周りが取ってくれます。

Ⅱ 人間関係構築力

視点⑤ 不平・不満・悪口を言わない

視点⑥ 熱意を持って取り組む

視点⑦ 利他の精神で動く

視点⑧ 笑顔を意識する

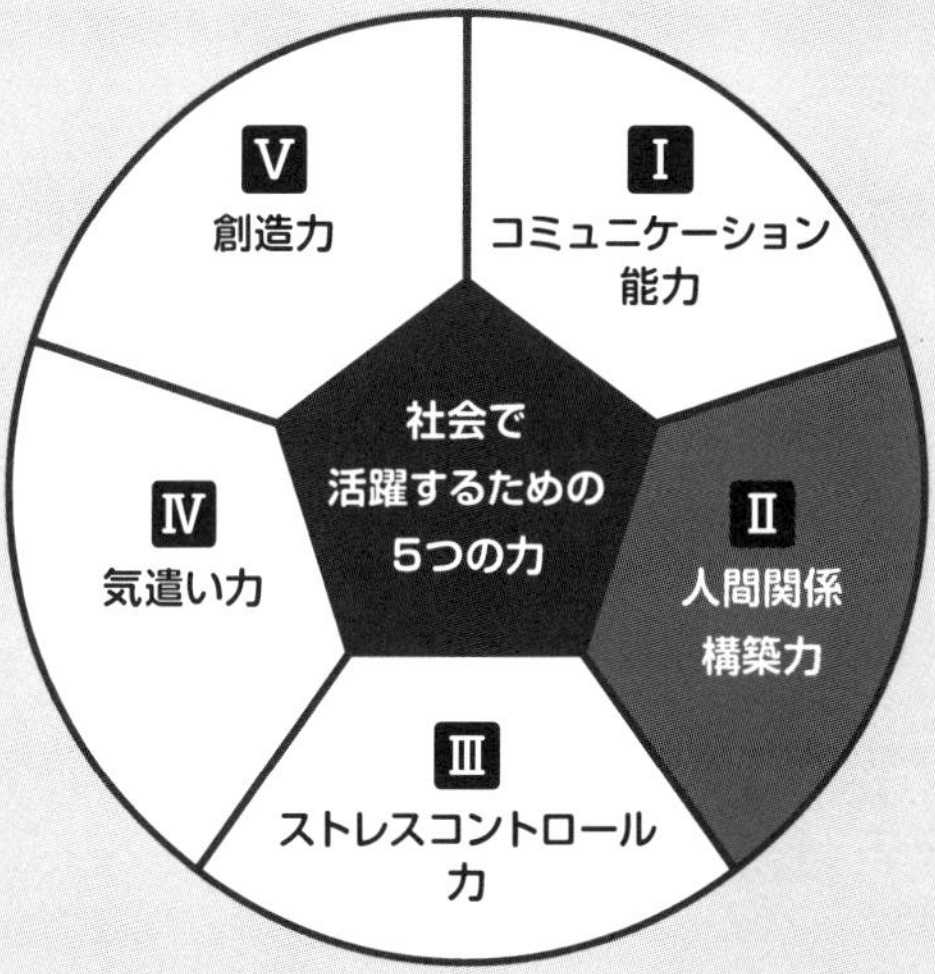

●人間関係を良好にするには、不平・不満・悪口を言わないようにする

何かを「する」よりも、「しない」方が難しいことは結構あります。禁煙やダイエットはその代表であり、非常に難しいですよね。しかし、「不平・不満・悪口を言わない」はその中でもダントツに難しいです。私も10代20代はよく不平・不満を口にしていました。しかし、デール・カーネギー・トレーニングで「不平不満を言わないことの素晴らしさ」を学んでから、言わないように心がけています。

政治の世界は、自分についてきてくれる人が多ければ多いほど力が増しますので、人間関係を良好にしておくことに非常に力を入れています。だから名言が多くあり、調べてみるとたくさん出てきます。例えば、竹下登元首相は決して他人の悪口は言わないと決めていたそうです。**『悪口は遅くとも、その日に相手の耳へ届く。早ければ5分後に届く。人様をほめた話は、半年経っても届かない』**と述べられたそうです。また、田中角栄元首相は、人間の本質をズバッと言う天才でした。豪放磊落《ごうほうらいらく》な方なので、今でもファンが多いですね。**「寝言を言ったり不満ばかり言っている奴は、人生終わるまで不満を抱き続ける人間になるぞ」「私がかつて、人の悪口を言ったことがあるか！誰か一度でも私が人の悪口を言ったのを聞いたことがあるか！私は一度もない」**これは田中角栄語録に出てくる言葉ですが、人たらしと呼ばれた方は、やはり「不満や悪口を言わない」を実践されていたのです。

●不平・不満・悪口を言わないとファンが増える

私には昔から憧れている人がいます。それはヤンキースでワールドシリーズMVPを取り、国民栄誉賞も受賞された元読売ジャイアンツの松井秀喜さんです。松井さんとは同い年ですが、彼の生きざまに憧れ続けています。彼のファンになったきっかけは、**「中学2年生の時から悪口を言っていない」**という記事を読んだことでした。父親が諭した時から「悪口を言わない」ことを決意し、何10年も実践し続けているそうですが、

「何10年も続けるなんて、真似できない！」

「他者をおとしめないって格好いい！」

「他者を悪く言わないので心から信頼できる人だ！」と率直に思いました。

人が感じることは大体同じで、誠実な松井さんの人柄に世界中の人が魅了されています。

不平・不満・悪口を言わない人は成長速度が速いと思っています。それは自己責任を貫くからです。不平・不満・悪口の多くは「自己責任」ではなく、他者がよくないとする「他者への責任転嫁」を伴うものですので、自分が成長することはまずありません。不平・不満・悪口を言わない人の多くが高い実績を残せるのは、「自己責任」で考えているからであり、自分自身を改善しようとしているからです。

●人格とできごとを切り離すと不平・不満・悪口を抑えられる

不平・不満・悪口ばかり言っていると、周囲から『あいつはマイナスなことばかりを言う奴だ』と認識され、信用してもらえなくなります。そして『私がいないところでは、あいつは私の悪口を言っているのだろうな』という疑念を抱かせてしまいます。

皆さんの周りで思い当たる人はいませんか？

そういう人は周りの方とよい人間関係を構築できているでしょうか？

不平・不満・悪口を言う人で、周りから慕われている人を私は見たことがありません。そういう人は慕われないので、もちろん人の上に立つポジションにも就けません。

もし、どうしても不平・不満・悪口を言いたくなったら、「人格」と「できごと」を切り離して考えると思いとどまれます。

「あの人は優しいからこそ、私に早く言うことができなかった」

「彼女は誠実すぎるからこそ、きつい言い方になってしまったんだろう」

こう考えると人格そのものを否定することはなくなり、相手を理解できるようになります。

それには、相手の人格における長所を日頃から再認識することが大切になってきます。

「元気でさわやか」「好奇心が旺盛」「感性が豊か」「頼りがいがある」

「全てにおいて計画的」「悲観的ではなく楽観的」「人当たりが柔和」

「何事にも堅実」「常に革新的」「物事を冷静に見られる」

こういった長所を相手に当てはめておけば、不満を抱いた時でも冷静に感情をコントロールでき、口から不満がこぼれることはありません。相手の人格をほめる言葉もたくさん知っておきたいですね。自分が相手に抱いている感情がわからない場合もありますので、語彙力があれば、それが解決することがあります。

●謙虚な心が自己責任を生み、不満を減らす

成長する人は、不平・不満・悪口を言う前に、もっと前向きな考えに至ります。

「今回の件はどうしていたら不満を言わなくて済んだのだろう?」

「自分に落ち度はなかったのだろうか?」

と解決策を考え、自己責任で対処することが多くなるのです。

万事につき悪口を言う人と万事につき自己責任で考えられる人とでは、大人になった時の成長度合いは雲泥の差になります。自己責任で考えられる人は、「自分は完璧ではない」「自分が絶対に正しいとは限らない」という「謙虚な考え方」を持っています。

この考え方に行きつくには相当な修業が必要ですが、考え方を変えるだけで、自分自身が楽になれるので、少しずつ実践していきましょう。

課題

1か月間、どんなことがあっても不平・不満・悪口を言わないことを実践してみましょう。その結果どんな変化があったかを3分間のプレゼンテーションで発表しましょう。

プレゼンテーションの際の注意点　具体的な名称を入れましょう

プレゼン例

僕は小学2年生から多摩クラブチームで野球をしています。

将来の夢は、プロ野球選手で、高校では甲子園に出たいと思っています。

そのために、毎日3時間を超える厳しい練習に励んでいます。

中学2年生にもなるとノックの打球もきつく、たまに顔に硬球がバンと当たります。うずくまって動けなくなりますが、甲子園出場やプロ野球選手を目指しているので頑張っています。

でもやっぱり帰り道は、不満が爆発して友達と話していても、思わず愚痴が出てしまいます。

『今日の、「グランド20周走れ！」、は、めちゃくちゃな指示だったな』

『河合より南野がレギュラー番号もらえるのはおかしいよな』

『ボール拾い、もっと1年生動いてほしいよな』

そんな愚痴を友人3人と帰るときは毎日のように言っていました。

だから、「不平・不満・悪口を言わない」ことを実践することは全く自信がありませんでした。でも憧れの松井秀喜さんが実践していたことを知ったので、これを機にやってみたいと思いました。３週間前の練習の帰り道、

『今日の山下監督の指示、厳しすぎると思わなかったか？』

と友人の堀君が話しかけてきましたが、僕はなんとか、

『なにか監督には深い考えがあるのかもしれないな』と悪口にならないように返答しました。

その後も、自分から愚痴は絶対に言わず、友人の愚痴を聞くことだけにしました。

それを３週間ほど続けました。そんな時、キャプテンを決める投票が昨日ありました。全部員が票を投じて決めるのですが、一緒に帰っている羽鳥君と伊藤君が、

『お前に一票入れたよ』と耳元で言ってくれました。

「キャプテンは、不平不満を言わず黙々と頑張る奴がやるべきだと思ったから」

というのが、二人が僕に票を入れてくれた理由でした。

親友からの信頼は本当にうれしかったですし、いろんな人が自分の発言や行動を見ているんだな、ということを改めて学びました。

これから第21代キャプテンとして頑張ります。

「不平・不満・悪口を言わないこと」は難しいが、友好的な人間関係を構築するには、実践するべきである。

不平・不満・悪口を言わないと自分への信頼が増し、支持者が増える。

◀ 他責の考え方が減り、自己責任で物事を考えられるので、自己成長する。

それには、謙虚な心が必要である。

◀ 人格とできごとを切り離して考えると、相手への不満は軽減される。

相手の長所を常に言語化しておくことも対処法の一つである。

Ⅱ 人間関係構築力

視点⑤ 不平・不満・悪口を言わない

視点⑥ 熱意を持って取り組む

視点⑦ 利他の精神で動く

視点⑧ 笑顔を意識する

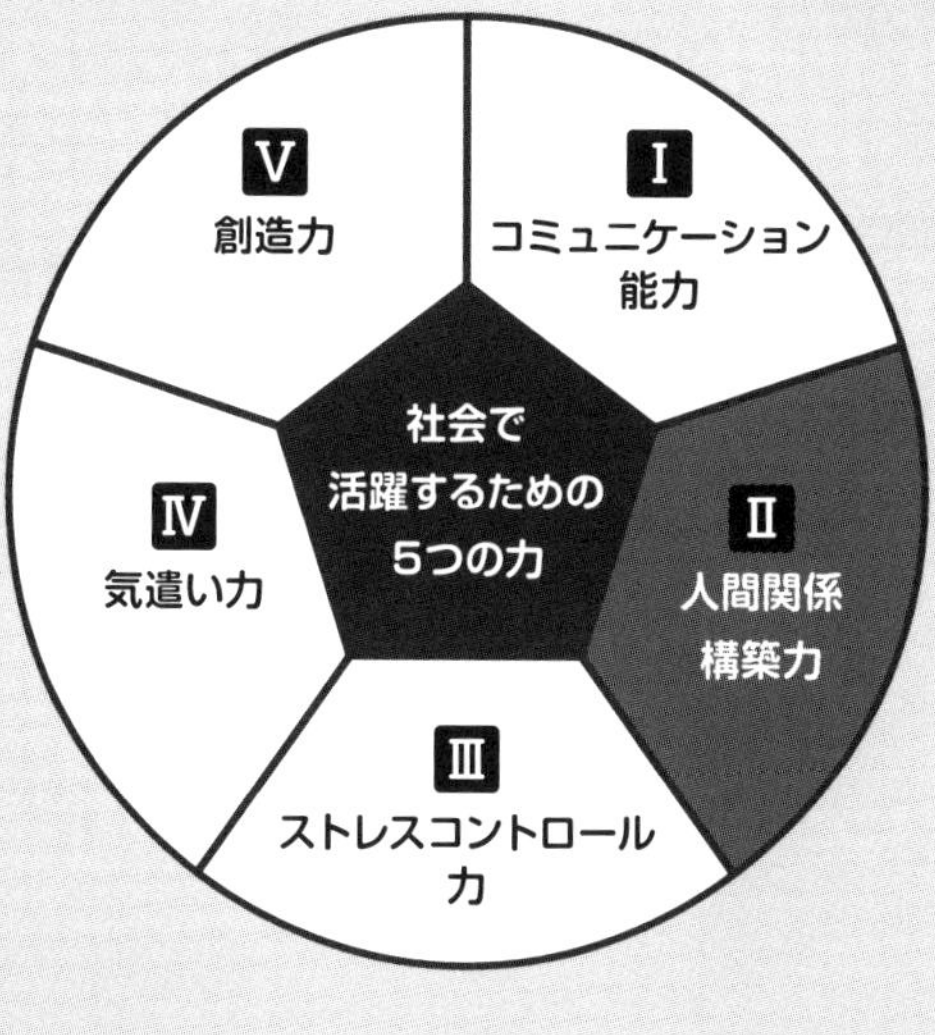

●熱意のある人を応援したいと思う気持ちはいつの時代も同じ

私は、全てのお客様のフルネームを覚えているクリーニング屋さんを知っています。久しぶりに行っても、名乗ってもいないのに、何も見ずに預かり証に漢字でフルネームを書いてくださいます。毎回とびっきりの笑顔で楽しい会話をしながら両手で受け渡しをしてくださいます。クリーニング店として、お客様を大切に思うその熱意に頭が下がりますし、見習いたいですし、応援したくなります。

他店に比べて休日が多いクリーニング店にもかかわらず、驚くほどの顧客をお持ちです。

熱意のある人には、敬意が集まり、指導を仰ぎたいとする部下が増え、支持者（ファン）が押し寄せてきます。私は何をするにも熱意だと思っています。熱意のない人には誰も頼みごとをしませんし、話しかけもしませんし、慕うということもありません。当然みんなから推挙されてリーダーになることもないでしょう。これだけは時代をいくつ経ても同じだと思います。

私の尊敬する昭和の名経営者松下幸之助さんも次のように言われていました。

『熱意が無ければいかんと思います。熱意があれば、たとえ黙っていても説得できる。絶対に必要なのは熱意や。まず経営者であれば、社員が百人いて皆が熱心だとしても、社長は熱意にかけては最高やないといかん』

皆さんの中には、「熱意」は目に見えないとても抽象的なものなので、コンピューター全盛期の今、そんなものは必要なのか？と思ってしまう人もいるかもしれません。

でも、「一生懸命頑張っている人の言うことは聞こうと思うけれど、さぼっている人の指図は受けたくない」という気持ちは必ずあるはずです。みんなが帰ったあとも一人残って明日の会場づくりをせっせと頑張っている人には、「手伝いましょうか？」と言いたくなるはずです。人は頑張っている人を応援したくなるのです。

熱意は目には見えませんが、十分身体で感じ取れるものです。オーラという形で目に見えるかもしれません。熱意のある人からは情熱あふれるオーラが感じられ、輝いて見えます。

ＡＩが台頭してきた今日でも、人が抱く感情は昔と一緒です。一生懸命頑張る人は格好よく見えますし、そうでない人には協力しようという感情が芽生えません。知識や才能が少々乏しくても強い熱意があれば、その姿を見て多くの人が協力したいと思います。

『あの人はいつも一生懸命頑張っている。だからあの人から買ってあげたい』

『あの人は力を抜くことをしない。信用できる人だからあの人の下で働きたい』

『あの人は真面目に頑張る人だから困ったら絶対に助けてやろう』

周りがこのように考えるのは、ごくごく当たり前のことです。

あなたが熱意あふれる人にプラスの感情を持つのなら、あなたも熱意を持って動くべきです。

●動くと熱意は湧いてくる

私は陸上部で長距離走者でしたので今でもよく走ります。走ると爽快で、ポジティブな思考になります。ですから、悩んだり行き詰まったりした時ほど走ります。脳科学の世界では「行動が先で感情は後からついてくる」という説が一般的ですが、本当にそうだと思います。

熱意を湧かせるには、まずは「動く」ことが重要だということです。動いて、そして、小さくてもよいので「最初の成功を収める」ことができれば必ず熱意はあふれ出てきます。この「最初の小さな成功」を得るまではあきらめずに動く必要があります。

小さな成功を勝ち得ると「明るい未来」が見えてきます。「明るい未来」が希望となりさらに大きな熱意があふれてきます。その熱意が確認できたら、あとは放っておいても頑張れます。

例えば、入社したての赤松君が営業地区を任され、一生懸命営業活動をします。他の同期社員が一日10件の会社訪問をする中、熱意を持って倍の20件の訪問をしました。そして最初の営業成績発表の際、同期150人の中でトップを取ったとしましょう。飛び上がるほどうれしいでしょう。この小さな成功で赤松君は「明るい未来」が見えてきます。『この会社でやっていけそうだ』『僕には営業の才能がある』と自信を持つでしょう。そして『将来は営業本部長を目指したい！』『会社の幹部になるべく頑張ろう！』と意気込みます。そのためには、第2クオーターも第3クオーターも結果を出したくなります。赤松君は今回の成功に限らず今後熱意を持って頑張り続けることができます。

「まず熱意を持って動く、動いて小さな結果を出す、小さな結果が出れば明るい未来が想像でき、それに向けて熱意が再び湧き上がってくる」――この流れを大切にしてください。

●相手に感謝される行動を取る

どう動けばよいのかわからない人は、相手に感謝される行動を取ってみてください。

家庭の中であれば、食事の用意を率先したり、掃除を人一倍丁寧にしたり、部活動であれば、みんなが嫌がるボール拾いを誰よりも一生懸命行うことです。ＰＴＡ総会の準備が回ってきたら、家からホッチキスやテープを持参し、ほかの役員の方々に手渡すのもいいでしょう。職場であれば、寒空の中でのティッシュ配りに積極的に参加すると感謝されます。来社されるお客様がいるのなら10分前から玄関前で待っておくと感謝を超えて感動してもらえます。既存顧客の方に、販売目的ではない温かいメッセージを送れば、あなたの人柄が伝わり、仕事に対する一生懸命さも伝わります。

感謝される行動を取り続ければ、必ずあなたの元に相手から温かい言葉が寄せられます。その言葉こそがあなたの熱意をさらに呼び起こしてくれます。

課題

何かに一生懸命取り組んでよい結果を出してください。その時にどういう感情になったのかを3分間のプレゼンテーションで発表してください。

プレゼンテーションの際の注意点　感情を乗せて、身ぶり手ぶりを入れてください。

プレゼン例

僕の通っている小学校では11月に「校内マラソン大会」があります。近くの市が運営する大きなグラウンドに移動して、男子と女子に分かれて、それぞれ小学1年生から順にスタートします。

「位置について、よ〜い、パン！」

1年生・2年生は1km、3年生・4年生は2km、5年生・6年生は3kmで競います。

僕は今年5年生になったので、3kmの長い距離になりました。

僕の今までのマラソンの順位は3番や5番、6番で、一度も1番になったことがありませんでした。それは、マラソンの王者藤原君がいるからでした。

藤原君はマラソンも速いですが、短距離走でもダントツの1番で、将来陸上選手を目指している男の子です。

僕は、「マラソン大会に向けて一生懸命練習しよう」を決めました。

藤原君に勝つために、お父さんに頼みこんで秘密の特訓をしてもらいました。

それは坂道特訓です。

マラソンコースは平坦なコースですが、練習はあえてきつい坂道でトレーニングすることで足腰を鍛え抜こうと思ったからです。

毎日夕方300mの坂道を10本駆け上がりました。最初の1週間は、坂道の途中で倒れこみました。でも藤原君に勝ちたい気持ちが強かったので、3週間の練習に耐え抜きました。

そして、本番。グランドでラスト1周になり、藤原君との一騎打ちになりました。

第3コーナーまで並走していましたが、坂道特訓の成果で藤原君を引き離して、なんと念願の1位になりました。

仕事を休んで見に来てくれたお父さんは、公園の木の後ろで泣いていました。

こんなにうれしかったことは、生まれて初めてでした。

そして、一生懸命努力をすると、こんな気分を味わえるのだということを知りました。

どういう気分かはまだうまく言えませんが、風が身体をさあーっと抜けていったような感じになりました。テレビゲームでは味わえない誇らしい気持ちにもなれました。

僕の夢は学校の先生になることですが、これからは勉強でも頑張れそうな気がしています。

熱意のある人を周りは応援したくなる。

これはいつの時代になっても同じことである。

▼

まず熱意を持って動く。

動いて小さな結果を出す。

小さな結果が出れば明るい未来が想像でき、それに向けて熱意が再び湧き上がってくる。


相手に感謝される行動を取れば、相手からの感謝を受けて自分に熱意が湧き起こってくる。

Ⅱ 人間関係構築力

視点⑤ 不平・不満・悪口を言わない

視点⑥ 熱意を持って取り組む

視点⑦ 利他の精神で動く

視点⑧ 笑顔を意識する

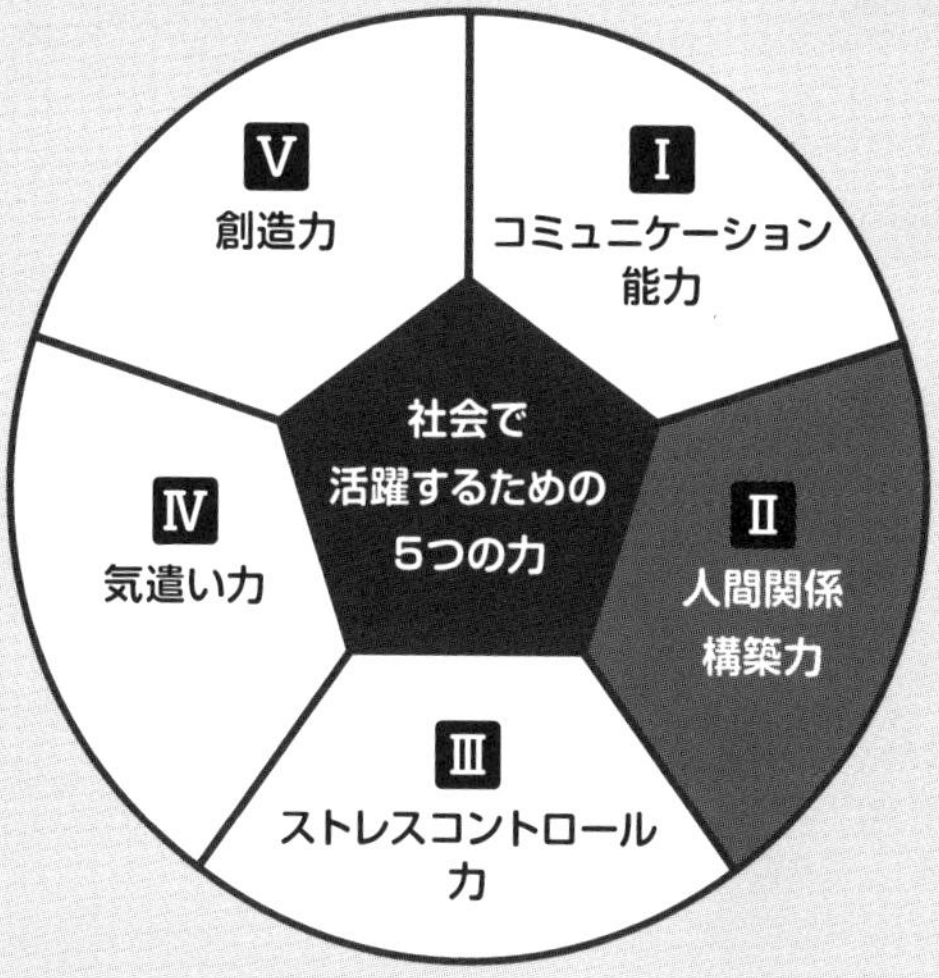

●他者への施しは、いずれ自分に返ってくる

この人のためなら自分を犠牲にしてでも駆けつけたいと思える相手は誰しもいるでしょう。私にもいます。私にとってその方は、毎回困っている私に声をかけてくれて、何で困っているのかを尋ねてくださいます。そしてご自身の仕事が立て込んでいたとしても、私の仕事を優先して先ず私の困りごとを解決してくださいます。それを毎回、何年もしてくださいますので、当然、私は「この方が困っていたら一番に飛んでいく」という思いになります。この思いを持つのは私だけではありません。有名な社会心理学者チャルディーニ氏が「返報性」の理論でそれを主張しています。「人は誰かに何かをしてもらうとそのお返しをしたくなる」という理論ですが、まさに先ほどの私の思いはこれにあたります。日本にも「情けは人のためならず」という有名なことわざがありますが、お世話になった方には何かで返したくなるというのは古今東西、人が持つ同じ感情です。

良好な人間関係は簡単に築けるものではありませんし、良好な人間関係が築けても深い人間関係を構築するには年月もかかります。ただ、人間関係を構築する上で大前提とされるのは「他者のための行動がどれだけできるか」に尽きます。これがなくては、良好な、そして深い人間関係を築くことはできません。

私は野球が大好きで、しかも大谷翔平選手の大ファンですので、次のようなエピソードを知

り、「他者の利益のために動くことの重要性」を再確認しました。

メジャーリーグで大活躍の大谷翔平選手ですが、18歳のドラフト会議の時、「日本のプロ野球には行かず、メジャーリーグで頑張ります！」と公言していました。大谷選手の意思の固さは有名でしたから、一つの球団を除く全球団が彼を指名するのをあきらめてほかの選手を指名しました。ただ、日本ハムファイターズだけが強行してドラフト会議で大谷選手を指名しました。この時は、大谷選手の意思を汲まなかった日本ハムを糾弾する声もありました。しかし、ここから日本ハムファイターズが素晴らしい行動に出ます。「夢への道しるべ～日本スポーツにおける若年期海外進出の考察～」という資料を作成し、「大谷選手がメジャーリーグで活躍するにはどうしたらよいのか」を一緒に考えようとしました。また大谷選手の希望であった「二刀流」の育成プランも提示します。栗山監督も同席した交渉では、『メジャーリーグに行きたいという想いを翻意させに来たのではなく、大谷選手の夢を一緒に叶えたくて来た』と発言されました。日本ハムファイターズが自社の利益を考えるのではなく、大谷選手がいずれメジャーリーグで活躍することを心から願った行動を取り続けました。その誠意が大谷選手に通じ、見事日本ハムファイターズ入団という結果を迎えることができました。

最初は、球団関係者がご挨拶に出向いても会うことすら難しかった状況から、ここまでの良好な人間関係を築けたのは、「相手のことを思った行動」があったからだと思います。

●利他的な行動の例

利他的な行動には、どういうものがあるでしょうか。

自分が得た知識や有益な情報をほかの方に共有することもその一つでしょう。例えば、マグロ漁船は大物を仕留めるために我先に漁場を見定め、ライバル船を出し抜くイメージがありますがそうではないようです。無線でほかのマグロ船に連絡して、マグロの群れがいる場所の情報共有を行うのです。これは「助け合い」の精神にほかなりません。当然自分が困っているときは周りの船がマグロの情報をくれるようになります。

ボランティア活動も利他的な行動です。街や河川の清掃、リサイクル活動、登下校の見守り活動、福祉施設でのお手伝いや傾聴、スポーツイベントスタッフ、たくさんありますね。こういう活動に参加することで、利他的な行動をすると清々しい気持ちになり、今後も利他的な行動が続くと思います。

寄付や献血、髪の毛の提供（ヘアドネーション）も利他的な行動です。私も時々献血に行きますが、「自分が逆の立場だったら…」という想いがその根底にあります。

マイバッグやマイボトルの持参、フェアトレード商品の購入もグローバル視点での利他的行動になります。探せばいくらでも行動できそうです。

経済界で利他の精神で動かれた方は多いのですが、石川島播磨重工（ＩＨＩ）や東芝の社長を歴任した土光敏夫さんは、まさに利他の精神を持った素晴らしい方だったそうです。私は昔、この方のエピソードを聞いて大変感銘を受けたので紹介します。

土光敏夫さんは級長をしていた学生時代（現東京科学大学）、まずはクラスのメンバーを一流と呼ばれる会社に入社させ、ご自身は最後にその当時無名の東京石川島造船所に入社しました。一事が万事こうだったそうです。何よりも他者を優先し、自分は最後。そんな土光さんを当然のごとくみんなが慕い、みんなから担ぎ上げられ、最終的には東京石川島造船所社長に就任しました。その後も、そんな土光さんならぜひ！ということで、播磨造船所との合併話がまとまり、今の石川島播磨重工が誕生しました。さらに、そんな土光さんの人柄に惚れた電機メーカー大手の東芝が経営再建を託して社長として迎え入れます。社長の土光さんは、ハイヤーを使ってもよいのに社員と同じように電車で通勤しました。社長就任当時は顔も覚えてもらえていなかったので守衛さんに玄関で止められたエピソードがあるくらいです。その後、財界のトップ経団連会長に就任され、当時の中曽根康弘行政管理庁長官に請われて第二次臨時行政調査会会長に就任し、最終的には国政を任されます。経済界で日本一の肩書を持ち、最も給与が高くてもよかったにもかかわらず、いつも晩御飯はメザシだったと聞きます。「メザシの土光さん」と言われる所以です。穴とつぎはぎだらけの帽子をかぶって、質素倹約を徹底された方です。給与は全て学校に寄付されたそうです。

課 題

他者のために頑張ったことと、やってみてわかったことを3分間のプレゼンテーションで発表しましょう。

プレゼンテーションの際の注意点　聴衆の一人ひとりの目を6秒ずつ見ていきましょう

プレゼン例

先日、母と一緒にデパートに買い物に行ったとき、お母さんが立ち止まって見ているブーツがありました。

『お母さん、それ欲しいの?』と尋ねると、

『別に〜』と母はとぼけながら、食料品売り場に走って行ってしまいました。

私は今中学3年生で今年は受験です。

公立高校を希望していますが、だめだったら私立高校に行くつもりです。

私立に進学する場合、援助される制度も増えてきてはいますが、でもやはりうちの家計では私立は厳しいです。

お母さんもそれを考えて今お金を貯めてくれています。

それもあってか、母のブーツの件は私の心にずしっと来ました。

何かお母さんに恩返しをしたいなあとその時思いました。

「絶対に公立高校に行ける！と確信してもらえる成績を取ろう！」

それがその時私の頭の中に浮かんだ恩返し方法でした。

2学期の中間テストと期末テスト、まずはこの二つのテストで点数を上げることに集中しました。

今まで1週間前から勉強していたのを3週間前からに変更しました。1回も使ったことがなかった塾の自習室も授業前後に1時間ずつ使うようにしました。わからない箇所があっても今までは放っていましたが、友達や塾の先生に質問しました。

そのおかげで、社会と数学の点数が中間テストと期末テストで90点を超え、生まれて初めて5科目でどちらも「430点以上」を獲得することができました。

お母さんは飛び上がって喜んでくれました。

そして、志望高校に大きく近づくことができました。

自分のためではなく他者のために勉強したのは初めてでしたが、自分の時より燃えることができました。友人の優紀ちゃんはおばあちゃんが喜んでくれるという理由で頑張っています。

他者のために頑張る時は、自分のために頑張る時よりパワーが出てくることがわかったことが、実践してみてよかったことです。

他者の利益になることを施すと、巡り巡って自分に戻ってくる。
人間には、恩を返そうという心がもともと備わっている。

他者のために頑張る方が、自分のために頑張る時よりも、力を発揮することが多い。

Ⅱ 人間関係構築力

視点⑤ 不平・不満・悪口を言わない

視点⑥ 熱意を持って取り組む

視点⑦ 利他の精神で動く

視点⑧ 笑顔を意識する

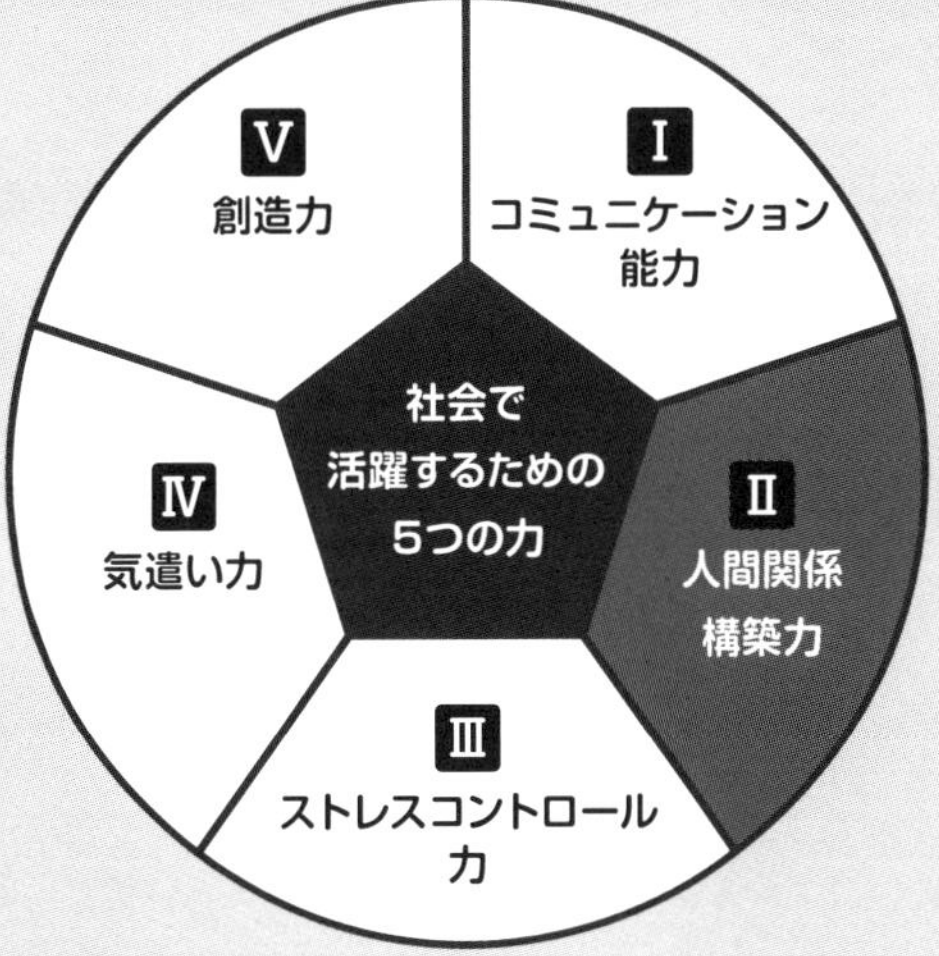

●好かれている人はみんな笑顔

みなさん、アイドルは好きですか？または好きでしたか？私も若いころは部屋にポスターを飾ったり、テレビにかじりついて歌番組を観たりしていました。

そのアイドルの方たちは、みんな笑顔ですし、ふくれ面の人なんて誰もいません。そう、表情はとても大事です。満面の笑顔だからみんなファンになるのです。皆さんの周りにも多くの方々から好かれている人がいると思いますが、その方を思い浮かべると笑顔の時の様子が思い出されますよね。笑顔には１０００万ドルの価値があると言った人もいます。笑顔でないと人から好かれず、よい人間関係は築けません。

でも残念ながら、そんな「笑顔のすごい効果」をわかっていない人がいます。

「どうして私の周りには人が集まって来ないいんだろう？」と思っている人は、まずは笑顔で毎日を過ごしてください。そうすると人が寄ってきてくれます。私は何度かディズニーランドに行ったことがありますが、ディズニーランドではとっておきの「笑顔」を見せるキャストが受付や駐車場に配置されると聞き、観察していました。確かにそうでした。その笑顔を見ただけで「時間とお金をかけてでもわざわざ関西から来てよかった！」と思えました。創業者のウォールトディズニーは、『駐車場のキャストは、ゲストがディズニーランドに来て最初に出会うキャストだ。だからこそ最高の笑顔をゲストに提供できる人間を配置しなくてはならない』と語っていたそうです。

ちなみに私の地元兵庫県には有名な宝塚歌劇団があります。誰もが憧れる華やかな世界ですが、そこには「ブスの25箇条」というものがあります。タカラジェンヌたちが自分を見つめ直すために役立てている教訓で、「これをやっていると人から支持されませんよ」という指針です。25箇条の1番目は何かご存知ですか?「笑顔がない」です。

逆説的に言われるとズシーンと響きますね。でも「確かにそうだ」と思えてきます。

私の愛読書の一つに「人生はワンチャンス!(水野敬也・長沼直樹共著)」という本があります。いろいろな有名人のエピソードや裏話が集められていますのでおすすめです。その中に「ガガーリンが宇宙飛行士に選ばれた理由」が掲載されていますので紹介します。

1961年、人類初の有人宇宙飛行を目指したロシアのロケット、ボストーク1号。乗員の最終選考に残ったのは、ガガーリンとチトフでした。選考スタッフは、体重が2キロ少ないという理由でチトフを宇宙飛行士に推薦しましたが、責任者のコロリョフ博士は次のように反論したそうです。『だったら荷物を2キロ下ろせ。最初の乗員はガガーリンだ!』

その理由をこう述べました。

『ガガーリンは、笑顔がとてもいい。素晴らしい笑顔はいつも心が安定している証拠だ』と。

●先に笑顔

「熱意を持って取り組む」の章でも書きましたが、「感情が先か行動が先か」は最近よく聞く話です。脳科学的には「身体の動きが先にあって、脳がその動きに意味や解釈を後づけで与える」と考えることがあるそうです。実際にフランスの哲学者アランさんは『幸福だから笑うのではない、笑うから幸福なのだ』と述べ、先に行動を起こすことをすすめています。私もこの理論を使って掃除をします。掃除をし始めたら気分が乗ってきて清々しくなれるからです。実際に、背筋を伸ばした時と猫背にした時では、背筋を伸ばした時の方が、自信が持てるという実験結果があるようです。「行動が先」というのはいろいろなところで確認されています。

ということは、「楽しくないから笑顔になれない」のではなく、「笑顔になれば楽しくなる」ということです。ぜひ「笑顔が先」を実践してみてください。楽しくなってくるはずです。

笑顔を作るには口角を上げる練習が多いですが、それに加えて、目じりを下げることも練習が必要です。マスクをしていても相手に笑顔であることが伝わる方がよいですからね。

また、みなさんは、「笑声《えごえ》」という言葉をご存知でしょうか？

コールセンター業界やビジネスマナー研修でよく耳にする言葉です。私も一度この研修を受けました。顔の見えない相手に自分が笑顔であることを伝えるためには、声のトーンも大切だと教えてもらいました。「笑声」は、声のトーンを上げて話すのですが、不思議なことに「満面な笑顔」をしていないと「笑声」は出ないんです。

一度試しに、怒った顔で「笑声」を出してみてください。

難しいですよね。

ということは「笑声」を意識すれば自然と表情は「笑顔」になっているということです。

また、「鏡に向かって笑顔を作ること」も大変有効です。

よいことが起こらなくてなかなか笑顔になれない時もあります。でも、「鏡の前では頑張ったら笑顔になれる」と思います。すると、鏡の中の笑顔を見て、つられて本当の笑顔になっちゃいます。相手があくびをしたら自分もつられてあくびが出てくるのと同じです。笑顔は伝染しますので、ぜひやってみてください。

笑顔について調べてみたらいろいろすごい効果が出てきました。ストレスを減少させるホルモンを分泌させたり、周囲には「有能で親切」に映ったりするそうです。実行するしかありませんね。著名な方も笑顔を推奨されています。元経団連副会長の樋口廣太郎さんは、『大きい声を出して、いつも元気にニコニコしていれば、たいていのことはうまくいきます』と笑顔を推奨しています。ロシアの文豪ドフトエフスキーさんも、『人は笑い方でわかる。知らない人に初めて会って、その笑顔が気持ちよかったら、それはいい人間と思って差し支えない』とまで言い切っています。昔も今も、日本も世界も、「笑顔」を推奨しています。

課題

1週間笑顔をキープし続けてください。笑顔をキープするために頑張ったことを3分間のプレゼンテーションで発表しましょう。

プレゼンテーションの際の注意点　聴衆にすすめる行動を入れ込みましょう

プレゼン例

一瞬の笑顔はできても、笑顔であり続けるのは難しいだろう、と最初は思いました。

ネットでヒントになることはないか調べたら、「常日頃から『ツイてる！』と10回唱えろ」「しんどい時は『せっかく』と思え」という今まで聞いたことなかったアドバイスがありました。

でも不思議と納得したので、この言葉とともに笑顔を保ち続けようと頑張りました。

「行動が先」であることは理解したので、朝起きた時から、口角を上げて引きつりながらも笑顔を作り続けました。そして、学校に向かう前、大きな声で『僕は、ツイてる！ツイてる！・・・』と10回自分に言い聞かせてから家を出ました。

呪文のようなこの言葉を言い続けると不思議とポジティブになって、笑顔が持続できました。

先日、二日連続で雨の日がありました。

傘を差して学校に行くのが好きではないので、その時は笑顔を保つのが難しくなってしまいました。でも、「せっかく雨が降ってくれているので、街の空気が澄んでいるはずだ。鼻炎持ちの僕にとっては最高の日だ」と考え直したところ、笑顔をキープできました。

あまりに口角を上げて笑顔すぎると友達からも不審な目で見られるので、休み時間は目じりだけを意識して優しい表情でいることを心がけました。

これを4日間ほど続けていると、気になる変化がありました。

それは、学校の授業中、教壇に立つ先生とよく目が合うようになったことです。

そして、当たる回数も今までの倍になりました。

その理由は5時間目の国語の別所先生が教えてくれました。

『太田は授業中ニコニコしているから、太田の方ばっかり見てしまうよ。みんながみんな太田みたいな笑顔だったら先生も気持ちよく授業ができるんだけどなあ』と。

こんなほめられ方をしたことがなかったので、とても戸惑いましたが、笑顔の効果を思いっきり味わうことができました。笑顔を作るには「行動が先」ということを学びましたが、僕は「考え方を変える」ことも重要だと思いました。

「ツイてる!」と「せっかく」はおすすめですのでぜひ実践してください。

誰もが「笑顔」好きであることを理解しよう。
◀
笑顔のある人に人は集まる。
◀
先に笑顔を作ることで楽しい感情になることを確認しましょう。
「笑声《えごえ》」を意識すると、自然に「笑顔」になるので、
口角や目じりの練習に「笑声」のトレーニングも加えましょう。

鏡の中で笑顔を作っていると、つられて本当の笑顔になれることもある。

第3章
ストレスコントロール力

口内炎が一つあるだけで食事をするのが楽しくなくなるのと同じで、悩みが一つあるだけで頭の中がそれで一杯になり建設的な動きが止まってしまうことがあります。おのずと、表情も曇り、ため息が増え、猫背になって足取りも重くなります。でも社会に出たら、悩みが一つということはまずありません。次から次へと降りかかってきます。いくら仕事ができる人でも、いくら社会で活躍できる能力がある人でも、ストレスに対処できないと、ストレスに侵されてしまい、確実にパフォーマンスは下がります。逆にストレスコントロールができると、逆境を楽しめ、ストレスを使って高い結果を出すことができます。組織のリーダーともなると大きな数字を負わされ、ストレス度合いが一メンバーの時に比べて格段に上がりますが、できるリーダーはストレスをパワーに変えられます。このように、社会ではストレスを上手にコントロールする力が必要になってくるのです。

ストレスコントロール力は、社会人基礎力の中で、「チームで働く力」に位置づけられています。この力は、「我慢を要請するもの」ではなく、ストレスに「耐えるもの」でもありません。ストレスの原因に働きかけてそれを取り除き、考え方を変えてストレスをストレスでなくしてしまう力のことです。ストレスをコントロールする方法を学生時代からトレーニングしておけば、社会人になってから慌てなくてもすみます。この章では、「せっかくやってきてくれた」悩みを有効活用できるようにしていきます。悩みの捉え方を変えていきましょう。

Ⅲ ストレスコントロール力

視点⑨ 悩みを紙に書いて分析する

視点⑩ ポジティブに、有意義に考える

視点⑪ 小さな自信、成功経験を持つ

視点⑫ 夢・目標を持つ

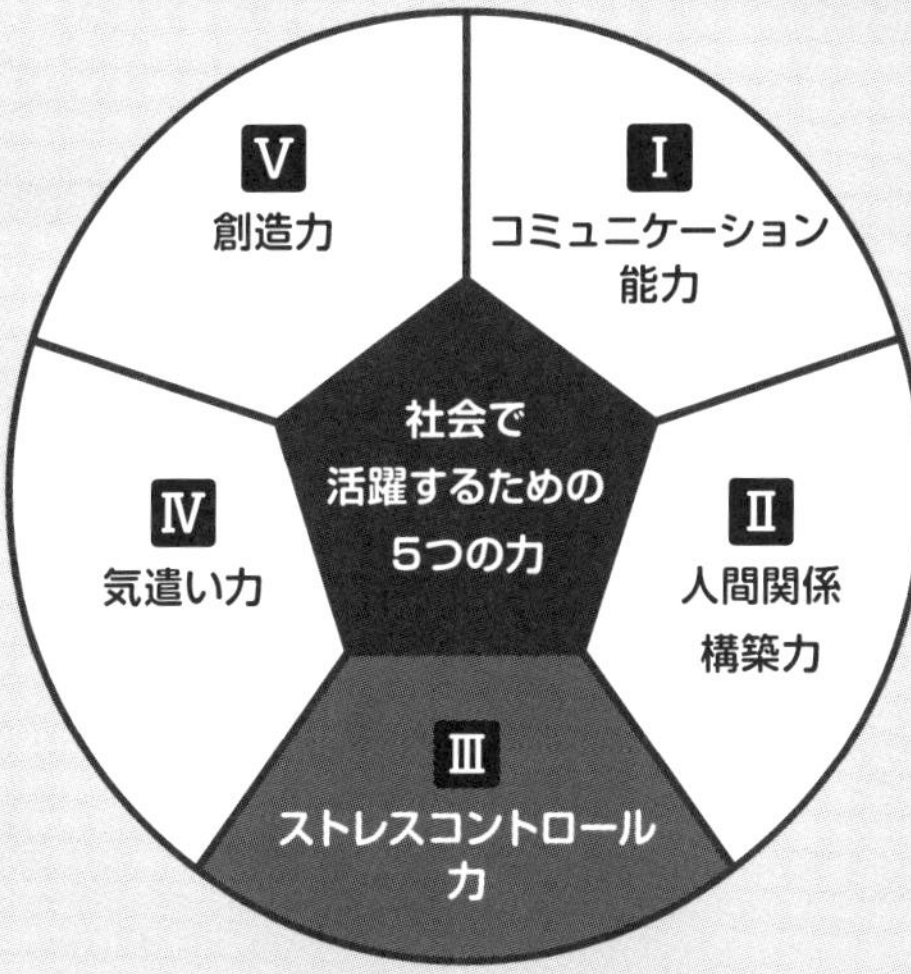

●悩みは堂々巡りを繰り返すので言語化する

「心配ごとの90％は実際には起こらない」というデータがあるようですが、日常生活においてそんなデータを信じる人はいません。私は特に心配症で、「最悪のことが起こってしまう」と考え込み、動揺し、ふさぎ込むことが多くありました。そして、そうした「悩み」は、次から次へと発生し私の行動力を鈍らせました。当たり前ですが、悩みがあるとそればかりにとらわれて新しいことに挑戦できません。私はこれを解消できればもっと建設的な動きができるのになあと常に思っていました。

「なぜ、考え込み、動揺し、ふさぎ込む時間が長くなるのか？」について考えると、私も含めて、苦しんでいる時の多くは、悩みが整理できずに思考の堂々巡りをしてしまっているからだとわかりました。

では、悩みを整理するにはどうしたらよいのでしょうか？

私は「言語化」することをおすすめします。日記を書く習慣がある人はわかると思いますが、気持ちを「言語化」することで、自分の思考が明確になるからです。皆さんの職場でも、感覚で行ってしまっている仕事を言語化して後輩に伝える動きをしていると思います。言語化するとぼんやりしていたものがはっきり見えてきます。思考の解像度が上がると言ってもいいでしょう。思考が明確になると、整理しやすくなります。

例えば、「2か月連続で売上目標が未達」だったとしましょう。責任者は、大きく悩み、それがストレスで眠れない日々が続きます。そういう時、言語化するとどうなるでしょうか？「2か月連続で売上未達／昨月と同じことを繰り返している／上司から怒られないか不安／みんなが動いてくれない／社員のモチベーションが低い／険悪な雰囲気／具体的な目標に落とし込めていない／目標が高すぎる／一部の者だけで達成しようとしてチーム一丸になれていない／みんなが事態を深刻に受け止めていない／通過点での計画の修正ができていない」

愚痴だろうが原因だろうが何でも構いません。また、紙に書こうが、スマホのメモ機能に打ち込もうが構いません。自分だけのアウトプットですので体裁にこだわらずとにかく試してみてください。すると、どうでしょう。自分が今どういう感情で、誰に対して不満や恐怖を覚えているのか、どうしたら解決策が見出せそうかがクリアになってきます。調べれば、「言語化する」「紙に書き出す」ことは、アメリカの心理学者ジェームズ・ペネベーガー氏も提唱されているようです。この例の場合、「自分は上司に対して恐怖心を持っている。月末会議より前に上司に現状を正直に報告しておこう。部下の動きに不満を感じているので、一人ひとりの部下と面談し、今の状況を聞いてみる。高い目標の修正ができないか上司とかけ合ってみる。部署全体が険悪な雰囲気なので、飲み会を開き、友好関係を再構築する」など、次への施策が浮かんできます。

●悩みを分析して言語化する

私は、100年近く読み継がれているデール・カーネギーの著書「人を動かす」に感動し、デール・カーネギー・トレーニングコースを受講し、コーチとして学ばせていただきました。そこではたくさんのことを学びましたが、その中でも「悩みを分析する」という項目が非常に有効な方策であると感動しました。

「悩みを分析する」というのは、次の3段階に分けることを言います。

①事実の把握（自分自身に何が起こっているのか、正確に知る）
②事実の分析（何が原因で今の事態が起こっていて、どうすれば解決するのかを考える）
③決断、実行（考えたベストな解決策を決定し、実行する）

あとは、①②③の順に実施することです。

『当たり前の思考じゃないか』と言えばそうですが、人はなかなかこれができていないようです。この考え方を意識をしなければ、堂々巡りをするばかりで有効な解決方法は見つかりません。挙句の果ては、頭が混乱し、ストレスが増幅していきます。「3段階に分けて分析しよう！」と意識をするだけで、ゴールに大きく近づけますので、まずは悩みを書き出し、整理してみてください。

今回は、1項目増やし4段階に細分化して取り組みやすくしています。それは、

①事実の把握（自分自身に何が起こっているのか、正確に知る）を紙に書き出す。
②事実の分析（何が原因で今の事態が起こっていて、どうすれば解決するのかを考える）を紙に書き出す。
③解決策を3つ挙げ、それを書き出す。
④ベストな方法を決めて、実行する。

になります。例えば、

①自分のサッカーチームが最近10試合で2勝8敗と負け越し、悩んでいる
②負けた試合のあと、選手同士が口喧嘩している、チームの不仲、団結が必要
③チームみんなでのミーティング、懇親会、反省会を試合後すぐにではなく翌日に回す
④反省会を翌日に回すことで、皆の感情を整えてから意見を出させる

こんな感じです。

一度試しに実行してみてください。言語化することの重要性がわかっていただけると思います。

ただ、「言語化」して紙に書く行為を億劫に感じてしまい、なかなか分析が進まないことも実際にはあります。そういう時は、友達と「話すこと」をおすすめします。話すことで自分の頭の中が整理され、言語化されてくるからです。

課　題

今、抱えている悩みに対して、次の①～④を実践しましょう。実践した結果を、３分間のプレゼンテーションで発表しましょう。
①事実の把握（何が起こっているのか、正確に知る）
②事実の分析（何が原因で今の事態が起こっていて、どうすれば解決するのかを考える）
③解決策を３つ挙げる。
④ベストな方法を決めて、実行する。

プレゼンテーションの際の注意点　必ず数字を入れましょう

プレゼン例

中2の僕の悩みは、定期テストでの「国語の点数が悪いこと」です。

他の教科は90点以上取れますが、国語だけ60点台ばかりです。

これが僕のストレスとなって、志望校である日比谷高校に行けないのではないかという不安が出てきてしまい、学校生活も楽しくなくなってきました。

そこで今の悩みを紙に書いて分析をすることにしました。

過去の定期テストの答案を全て見直した結果、事実の把握として、

○漢字の読み書きはよくできているが、論説文の読解力がない、
○意外にも、記述問題より、ア〜エの選択肢から選ぶ選択問題の正答率が低い、
ことがわかりました。選択肢を一通り読んで、感覚で解いてしまっていることに原因がある
ことがわかりました。

そこで選択問題に強くなるために、三つの解決策を考えました。その三つの策とは、
一つ目は、クラスで一番国語の得意な横本君に「思考経路」を尋ねるという策
二つ目は、選択肢を文節ごとに区切って、文節ごとに本文と照らし合わせて合致しているか
を確認する策
三つ目は、先に解答を一読し、答えがわかった状態で、出題者がどういう意図で出題してく
るのかを裏読みしていくという策、です。

父親のアドバイスも受けて、二つ目の策を実践することにしました。

驚くことに、実践している時には、悩みや不安よりもワクワクする気持ちが勝っていました。
1週間で合計6題の論説文を読み、適する選択肢を選ぶトレーニングをしたところ、なんと5
日前に行われた2学期中間テストで、選択問題7題を全て正解することができ、89点の高得点
を取ることができました。以上のことから、悩みを紙に書いて分析をすることは、ストレスを
抑え、課題解決につながることを学びました。

悩みは頭の中で堂々巡りをする

↓

紙に書いて分析することで「思考を整理する」

↓

書く際に次の4つのことを意識しましょう。

①事実の把握（自分自身に何が起こっているのか、正確に知る）
②事実の分析（何が原因で今の事態が起こっていて、どうすれば解決するのかを考える）
③解決策を３つ挙げる。
④ベストな方法を決めて、実行する。

言語化や紙に書く行為ができない場合は、友人に話を聞いてもらいましょう。

Ⅲ ストレスコントロール力

視点⑨ 悩みを紙に書いて分析する

視点⑩ ポジティブに、有意義に考える

視点⑪ 小さな自信、成功経験を持つ

視点⑫ 夢・目標を持つ

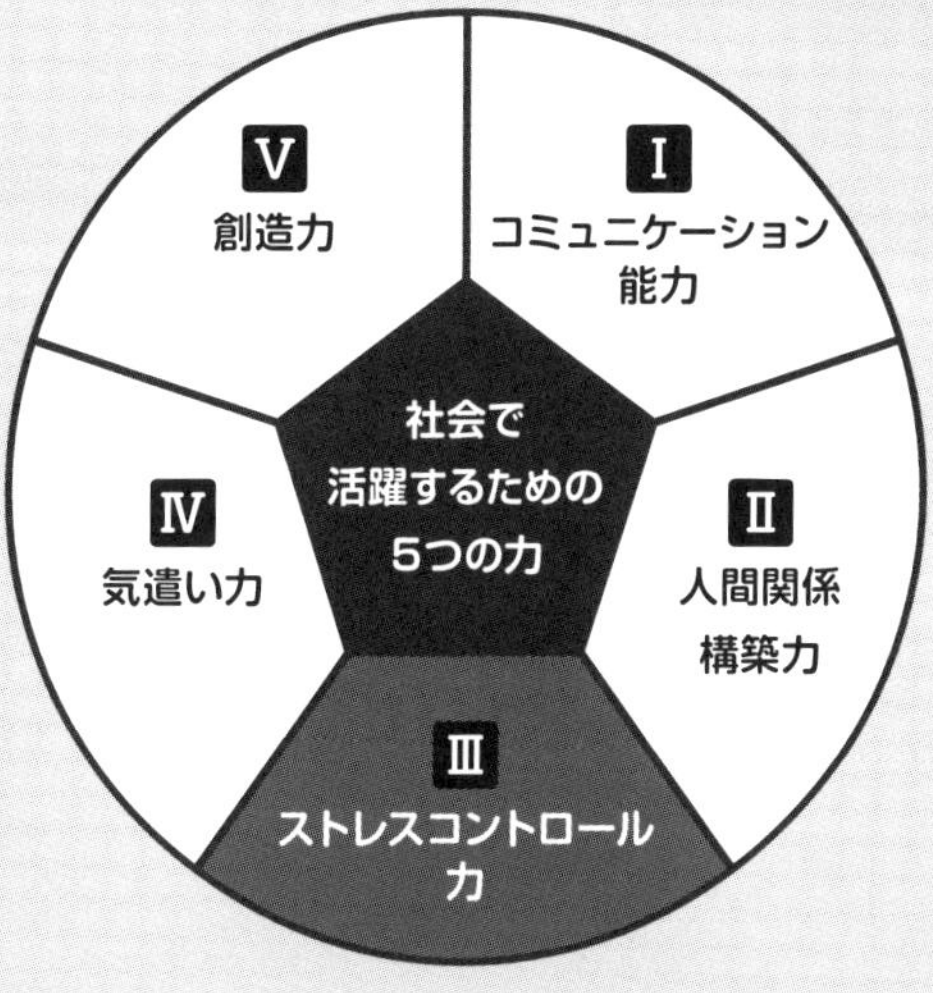

●少女パレアナ

私が愛読している本があります。

1913年、エレナ・ポーターさんが書いた「少女パレアナ」という本です。「赤毛のアン」を翻訳された村岡花子さんが翻訳されました。かつてフジテレビの世界名作劇場で「愛少女ポリアンナ物語」としてアニメ化されましたのでご存知の方も多いでしょう。

物語は、両親を亡くした11歳のパレアナが、裕福で意地悪な叔母に引き取られるところから始まります。少女パレアナは亡き父から「何でも喜ぶゲーム」を教わっていました。

そのゲームはどんなことからでも喜びを探すゲームでした。叔母に「屋根裏部屋の汚い部屋」をあてがわれても、『素晴らしい景色が見える部屋を頂けて嬉しい！』と喜びます。叔母は自分だけは豪華な食事をしながらも、パレアナにはパンと牛乳だけの粗末な食事を与えますが、『召使いの方々と話しながら一緒に食べることができて幸せ！』とパレアナは叔母に感謝するのです。一事が万事こうでした。印象的なのはパレアナが友人ナンシーに語る次の場面です。

『鏡が無かったらソバカスも映らないでいいしね。喜ぶことを考えると、嫌なことは忘れてしまうのよ、お人形を欲しかった時のようにね。嬉しいことを探しだすことはそんなに難しいことではないのよ。すっかり慣れれば自然にできるものなのよ』

物語ですが、「考え方の工夫」についてとても考えさせられる作品です。

●ポジティブシンキングを心がける

私もパレアナのようにポジティブシンキングを心がけていますが、時になかなか難しい場面もあります。その場合、私は、まず「感謝の気持ち」を持つようにして、そこからポジティブシンキングに考え方を移行させるようにしています。皆さんはいかがでしょうか？

世の中には、晴れていても「しみができるから嫌だわ」とネガティブに考える人もいれば、雨が降っていても「空気が澄むから嬉しい」と喜べる人がいます。レストランで提供された食事が美味しくなかったら、「がっかりする」のか、「誰かに話せるネタができた！と喜ぶ」のかは人によって異なります。ストレスを軽減させるという意味では、後者の方がよいはずです。

このように、起こってしまった「事実」は変えることができませんが、「捉え方」を変えることによって、ストレスを軽減させることができます。

２０１５年上半期の芥川賞は、お笑い芸人の又吉直樹さんと羽田圭介さんの作品でした。どうしても又吉さんにスポットが当たってしまうことをどう思うかと、記者が羽田さんに尋ねると、『又吉さんが受賞してくれたおかげで、発表から時間が経った今でも芥川賞が話題になっている。メリットしかないです！』とポジティブに答えているのをテレビで観ました。また作家の三浦綾子さんは、若いころから多くの病気にかかっていましたが、悲観するどころか、「自分は神様にえこひいきされているのではないか？」と考えて、感謝してきたそうです。

●有意義にメリットとして考える

上司になった時、部下に語ってよいのは失敗談だけです。誰も上司の武勇伝を聞きたがっていませんし、むしろ失敗談を話した方が度量の大きさが伝わり、逆に尊敬されます。プレゼンも同様で、聴衆はプレゼンターの「自慢」は聞きたくありませんが、「苦労話」は食い入るように聞きます。人に語れる「失敗談」や「苦労話」は誰しも持っておくべきですし、「財産」になります。「今の悩みやストレスは将来の話のネタになる」と考えられるようになれば、ストレスも大きく軽減されるでしょう。「この失敗には意味があるんだ」「今の悩みは必ずあとで役に立つ」という考え方をここでは「有意義に考える」と定義しますが、これができればストレスをコントロールできます。

ちなみに私は全身麻酔の手術を経験しましたが、当時はやはり悩みました。でも、今は手術に臨む子どもたちと気持ちがわかり合えるので、有意義だったと思っています。

このように、「話しのネタになる」というメリットのほかにも、ストレスには意義を見つけられます。入試に失敗したら、早めの対策の重要性を痛感できるようになり、仕事では抜かりない準備ができる人になれるというメリットもあります。失恋したら、その瞬間はつらいですが、もっと素敵な方と出会える可能性が高まるメリットが出てきます。人間関係のトラブルを経ると、人に優しくなれますので、「ファンが増える」ことにつながるメリットがあります。

●幸せの最低基準

私の祖母は戦争を体験しました。したがって、三食を食べられるだけで幸せを感じることができ、日常で少々辛いことがあっても「戦争に比べたらこんなことぐらい何ともない」、「ストレスを感じるレベルではない」と、強く生きていました。戦争時の、生死を意識しながらの厳しい生活を経験した人ならではの強さです。

明治・大正生まれの方々には、戦争時を基準と考えている方が多く、戦後の全ての進歩が「ありがたい」と思える対象でした。今は「豪華な食事を食べられることが当たり前」の時代で、それが幸せの最低基準になっていますので、少しの苦痛・不便が降りかかってくるとすぐに「ストレス」を感じてしまいます。快適になればなるほど「幸せの最低基準」が上がっていき、基準を下回った時に「ストレス」を感じる体質になってしまいます。私も、電車が40分遅延しただけでストレスを感じた時がありましたが、いけませんね。定刻通り来てくれることを最低基準にしてしまい、来てくれること自体に感謝することを忘れていました。

こう考えると、「苦労した人ほど、幸せ基準は低く、何にでもありがたさや感謝を感じることができ、ストレスを軽減できる」ことになります。

「苦労しましょう!」とまでは言いませんが、「苦労を有意義なもの」として捉えることはできます。幸せの基準を下げられないのであれば、「捉え方」を変えなければなりません。

課題
抱えているストレスに対して、「捉え方」を変えて、有意義な点を見つけてみましょう。それを3分間のプレゼンテーションで発表してください。

プレゼンテーションの際の注意点　名言を引用して発表してみましょう

プレゼン例

国語の授業で故事成語を習いました。「杞憂」や「矛盾」「四面楚歌」などを勉強しましたが、私が最も印象に残ったのは「人間万事塞翁が馬」という言葉です。

一見不幸に思えることが幸せを呼んできたり、またその逆もあるので、安易に喜んだり悲しんだりするべきではない、という意味だと教わりました。

今実行している「捉え方を変える」に役立つ考え方だと思い、好きになりました。

私は中学1年生の時、バレー（ボール）部の練習に行くのが嫌で嫌で毎日のストレスになっていました。練習メニューもきつく、先輩も怖かったので、毎日部活の時間が近づいてくるとため息をついていました。ただ、友達には恵まれていたので、励ましあいながら何とか乗り切ることができました。

3年生になり、思いがけずバレー部のキャプテンを任されることになりました。

部をまとめるのに必死に頑張っていた矢先、後輩の中学1年生から悩みの相談を受けました。「バレー部の練習が厳しくて、辞めたいと思うことがよくある」という内容でした。

後輩の悩みを聞きながら、自分が1年生だった時のことを思い出しました。「私と全く一緒だ！」一番にその言葉が頭をよぎりました。

私自身が悩んでいなかったら、後輩の考えに同調することなく、厳しい口調で一蹴していたかもしれません。ですが、私自身が同じ悩みで苦しんでいたので、後輩の気持ちがよくわかり、一生懸命気持ちに寄り添ってあげることができました。

後輩はキャプテンの私も同じように悩んでいたことを知り、気持ちが落ち着いてきたのか、最後は笑顔で、バレー部を続けることを約束してくれました。

この時私は、「中学1年生の時、悩んでいてよかった～」と心から思えました。悩んでいたからこそ、相手の気持ちに寄り添えたし、悩んでいたからこそ、的確なアドバイスもでき、キャプテンとして尊敬してもらえるようになれました。

「あとによいことが待っている」とは悩んでいる最中にはなかなか思えませんが、「悩んでいる人の気持ちに寄り添える人間に近づけるメリットがある」と捉えられるようになりました。

故事成語「塞翁が馬」は、確かに当たっている！とびっくりしています。

Ⅲ ストレスコントロール力

視点⑩ ポジティブに、有意義に考える

まとめ

考え方を変えることはストレスを軽減させる

◀

「事象の捉え方」で、ポジティブにもネガティブにも受け止めることができる。
ポジティブに捉えることが大切である。

◀

「今回の悩みには、○○なメリットがある」と意義を見つけることができれば、さらにストレスは軽減される。

幸せの基準が上がっている今、捉え方の工夫をしなければ、悩みは増す一方である。

Ⅲ ストレスコントロール力

視点⑨ 悩みを紙に書いて分析する

視点⑩ ポジティブに、有意義に考える

視点⑪ 小さな自信、成功経験を持つ

視点⑫ 夢・目標を持つ

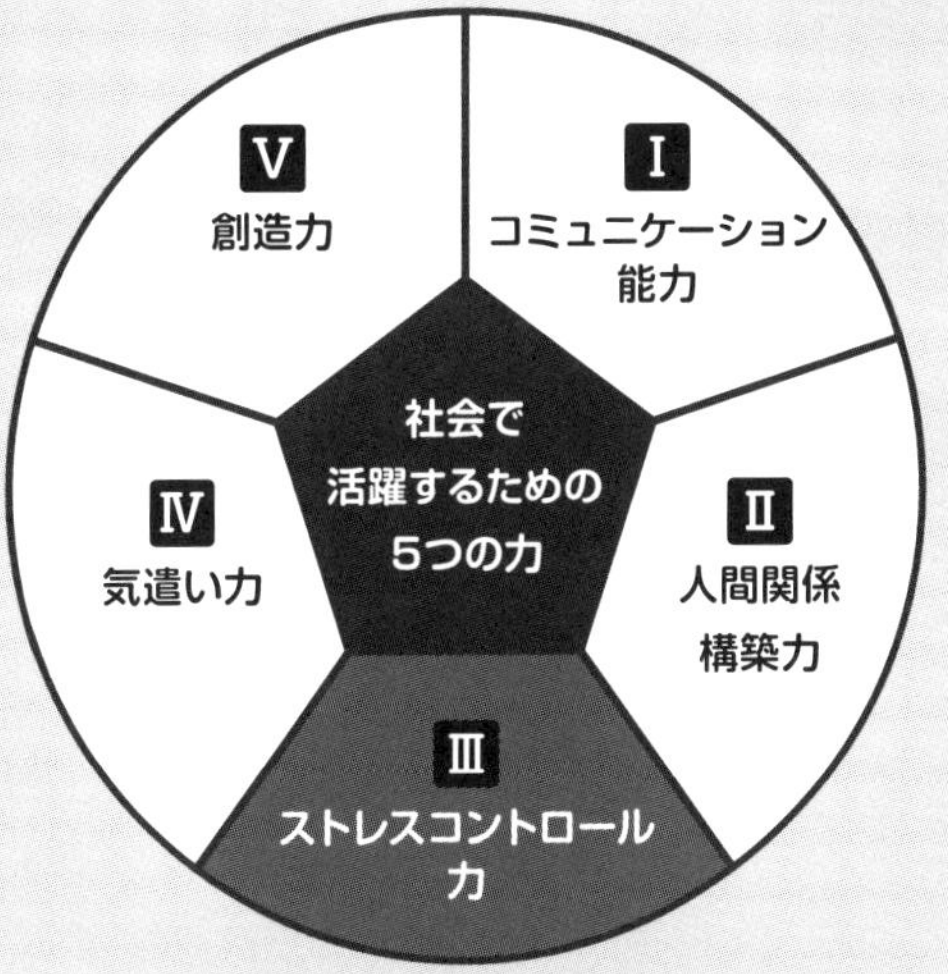

●小さな自信でよいのです

みなさんの小学校時代のよい思い出は何ですか?

私は小学1年生の時、紙飛行機大会で、私の紙飛行機がクラスで一番遠くに飛んだことです。「えっ、そんなこと?」と思われるぐらい小さなことです。同級生の誰も覚えていないような本当に小さなことですが、私にとっては「一生自信を持ち続けることができる大きなできごと」でした。今でも鮮明に覚えています。「人は小さな自信ですごいパワーを持つことができ、大きなものにチャレンジできる」と私は心から思っています。「日本一」や「全国大会優勝」といった目を見張る肩書きは必要ではなく、自分が自分を誇れるものであればよいのです。「英語検定試験で5級に合格した」、「書道で市の展覧会で銀賞を取った」、「そろばん4級に同級生の中で一番早く到達した」など、皆さんにも自分自身に大きな自信を与えるできごとがあったと思います。英語検定試験5級合格の自信が、4級取得へのチャレンジ精神を芽生えさせるように、一つの自信こそが、次なるチャレンジを生み出してくれます。同時に、その自信こそが「私はできるんだ!」と、プレッシャーや悩みを蹴散らしてくれるものになります。

医療社会学者のアーロン・アントフスキーさんが、強制収容所から生還した人たちの健康調査を行ったところ、長生きをした人たちが持っていた共通点が3つあったそうですが、そのうちの一つに「経験的処理可能感」というものがあったそうです。「経験的処理可能感」とは、最初はこんなこと絶対にできないと思っても、「そういえばあの時もできないと思ったけど意外とできたな。今回もできるだろう」と思えることだそうです。強制収容所の厳しい環境を乗り越えた自信が次の不可能と思われる壁を乗り越えさせてくれたのです。「自信」のパワーを思い知らされます。

●継続できたことは自信になる

「継続できたこと」は大いなる自信につながります。ピアノやバレエ、ジョギングを10年以上続けた人は、それを誇りとして一生頑張ることができます。ちなみに私は月に1回700段の階段を上って神社に参拝することを20年続けていますが、続けている自分が好きになり、自信が湧いてきます。メジャーリーグで活躍されたイチローさんも、『続かない目標は設定しない』と、とにかく「継続すること」を大切にされています。目標を設定するときは、『続けられることを選ぶ』とも宣言されています。だから目標設定後ほとんどが続けられるということになります。そして「続けられた」ということで、それが大いなる「自信」を生みます。私も、「週ではなく月に1回700段を上る」にしているからこそ続いています。「空手を15年間続けている」、「早朝ランニングを5年間続けている」、「英会話を毎日10分間は聴いている」―続けられたことによる自信が自己肯定感を生み、ストレス耐性につながります。

「小さな自信」、それを学生時代に数多く作ることができれば、新たなチャレンジもできますし、社会生活でのストレスに耐えることができます。

●体験と経験

では自信を持つにはどうしたらよいのでしょうか。

それは「経験から学べる考え方」が必要になってきます。（※ここでは「体験」は「起こったできごと・事実」と定義し、「経験」は「できごとや事実を解釈した結果」としておきます。）「体験」よりも、解釈を要する「経験」が大切だと私は思っています。

例えば、次のような男の子がいたとしましょう。「小学5年生の時、10月に行われる運動会に向けて1か月前から夕方の1時間の練習をしました。僕は小学1年生の時からずっと2位でした。吉澤くんがいたからです。本番当日、その日は足が軽やかに前に進み、毎年1位の吉澤君とのラスト10メートルのデッドヒートの末、なんと私が1位でゴールできました。努力は裏切らないことを肌で感じ、今は大学受験に向けて毎日8時間の猛勉強に耐えています」

この場合、「体験」は、「小学校5年生の時、努力して1位になったこと」です。そして「経験」は、「自分には才能があり、それに努力を重ねることができれば、全ての事柄で夢が叶うことを理解したこと」になります。これは自己評価で構いません。「経験」をたくさん積み、自分に自信がつく解釈ができる人は、実社会で自分自身を否定されることがあっても、根っこの部分で折れづらくなります。そして、その成功経験を得るために、特に「才能」と「努力」の分野をクローズアップして思いっきり自分を称えていくと、自信が深まります。「自分には本来走る才能があり、それに人一倍の努力を重ねたことで1位が取れた!」と。一方、失敗した場合は、「才能」を悔いるのではなく、「努力不足」を反省すると自分の才能を信じ続けることができて、「努力不足」を解消しようと更なる努力家に生まれ変われます。

成功経験を作るためにはクリアするべき「目標」が必要ですが、その目標があまりに高すぎると、頑張ろうとする意欲が生まれませんし、何より継続ができません。逆に目標が低すぎても、頑張ろうという気持ちになれません。ちょうどよい目標とはどのようなものでしょうか?それについては面白い論文を見つけました。松田岩男教授・杉原隆教授が「目標の設定が立ち幅跳びの成績に及ぼす効果」という実験を行ったそうです。それは、立ち幅跳びを行う際、被験者に「いくつかの異なる目標」を与えて、どの目標の時最高の結果が出たのかというものです。自己最高記録の100%の目標・110%の目標・120%の目標・130%の目標、の4つの目標を掲げたそうです。どの目標にした時に最大の跳躍距離が生まれたかという実験でしたが、110%の目標を掲げた時が105%という最高の結果だったそうです。

これは一つの例ではありますが、「最高の結果を生む目標」とは、少し頑張れば達成できそうな目標がよいように思います。「継続」となるともう少し低めでも構いません。

課題

「継続できたこと」を思い出して、才能と努力の部分を評価してください。それを3分間のプレゼンテーションで発表してください。

プレゼンテーションの際の注意点　抑揚をつけて話してください

プレゼン例

私は田舎に住んでいます。

ありがたいことに都会の塾に行かせてもらえることになり小学4年生から中学3年生までの6年間、高い月謝にもかかわらず通わせてもらいました。

裕福な家庭でもなかったので、月々の費用を知った時は、そんな大金を毎月出して大丈夫なのだろうか、と心配になりました。

両親は、「お金のことは心配いらないから」と優しい言葉で通うことをすすめてくれ、毎回の送り迎えも欠かさずしてくれました。

そんな事情もあり、6年間塾に一度も休まず行きました。

自分をほめるのは恥ずかしいですが、一度も休まずというのは、本当にすごいことなんです。

体調が悪い時も、歯を食いしばって行きました。

学校行事があり遅くなる時も、3キロの通学路をダッシュして帰り、塾に間に合うように努力しました。

ただ、中学生になると「休みたいな」と思う時がありました。

それは、定期テストが近づいてきた時です。塾で対策する内容が、私の通っている中学と全く違っているからでした。

普通であれば、自分の学校が明日テストであれば塾を休んで勉強するのでしょうが、私は休みませんでした。

高い塾の費用を出して、毎回送迎をしてくれている親のことを思うと、休むという選択肢はどうしても浮かびませんでした。

塾から帰ってきてから、徹夜で明日のテストに備えたことは何度もあります。

結果6年間600回近い塾の授業を休まずに頑張り続けました。

「何が何でも塾は行く」――これを徹底できたことは自分の大きな自信になっています。

自分自身を分析すると、「自分のために頑張ることは苦手でしたが、他者のために頑張るというのは非常に才能がある」ことがわかりました。

今は高校2年生として、陸上部の練習と大学受験勉強に頑張っています。

塾を休まずに通い続けた自信をもとに、陸上の県大会と秋の模擬試験に挑戦したいと思います。

小さな自信が「次への挑戦」の後押しになり、「不安やプレッシャー」をはねのけてくれる。

◀

体験を経験に変え、自分自身の才能と努力を称えられるようにする。

◀

継続できたことは自信を生むので、継続できる目標設定が大切である。

中村堂　書籍案内

Education & Communication

〒104-0043　東京都中央区湊3-11-7　湊92ビル4F
Tel. 03-5244-9939　Fax. 03-5244-9938
URL http://nakadoh.com

2024年7月作成

大好評 最新刊

入学試験で名前を書けば受かると言われる高等学校で行われる愛の実践。「子どもはそのままでいい」との信念で不登校生徒を包み込む。

それで、よかよか 86の愛のメッセージ

前半（第1部）はカラー

【著】校長ちゃん【詩・イラスト】とまと
定価 2,200 円（本体 2,000 円＋税 10%）
ISBN 978-4-907571-95-5

「子どもたちが自分考え、自分で決める」との保育理念で運営される山梨県北杜市の「森のピッコロようちえん」の日々。

森のピッコロ物語 信じて待つ保育

オールカラー 160 ページ

【著】中島久美子【写真】加々美吉憲【対談】菊池省三
定価 2,200 円（本体 2,000 円＋税 10%）
ISBN 978-4-907571-91-7

菊池実践の土台「価値語」シリーズ
「考え方や行動をプラスの方向に導く価値ある言葉」

価値語 100 ハンドブック
価値語 100 ハンドブック❷

全国の教室で生まれ育った100の「価値語」を文と写真で紹介。

【著】菊池省三／本間正人　他
①定価 2,200 円（本体 2,000 円＋税 10%）
②定価 2,420 円（本体 2,200 円＋税 10%）
ISBN①978-4-907571-22-1　②49-8

ひとり暮らしの小学生/価値語篇
ひとり暮らしの小学生/価値語篇❷

ひとりで食堂を営んで暮らす小学生リンが、価値語と共に精一杯生きる日々を生き生きと描く。

【作】松下幸市朗
定価 1,980 円（本体 1,800 円＋税 10%）
ISBN①978-4-907571-67-2　②96-2

菊池省三先生の価値語日めくりカレンダー

卓上CDケース版と壁掛け版（大判）

【著】菊池省三
〈卓〉定価 1,650 円（本体 1,500 円＋税 10%）
〈壁〉定価 2,750 円（本体 2,500 円＋税 10%）

ISBN
978-4-907571-
〈卓〉94-8
〈壁〉09-2

基礎学力の向上　陰山英男先生の実践と対話

陰山メソッド（15 分のモジュール授業）が、学校のもつ可能性を大きく広げます。

【著】陰山英男
定価 2,200 円
(本体 2,000 円 + 税 10%)
ISBN978-4-907571-65-8

学校を変える15分
常識を破れば子どもは伸びる

徹底反復から集中速習へ。全国で進化する陰山メソッドの最新実践を紹介します。

【編著】陰山英男
定価 2,200 円
(本体 2,000 円 + 税 10%)
ISBN978-4-907571-69-6

子どもの未来を広げた学校
陰山メソッド実践集

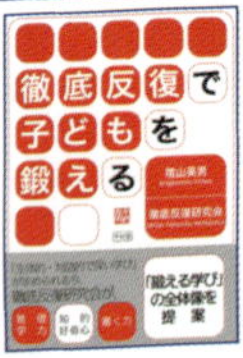

現場からの「教育改革」。基礎学力、知的好奇心、書く力など、「鍛える学び」の全体像を提案。

【著】陰山英男／徹底反復研究会
定価 2,200 円
(本体 2,000 円 + 税 10%)
ISBN978-4-907571-40-5

徹底反復で子どもを鍛える

徹底反復研究会叢書１

小学校における 44 の「日常生活」の指導のポイントをピックアップ。

【著】徹底反復研究会中国支部
定価 2,200 円
(本体 2,000 円 + 税 10%)
ISBN978-4-907571-02-3

日々の指導に生かす「徹底反復」

徹底反復研究会叢書２

誰にでもすぐできる教室を整える76の技を紹介。オールカラー。

【著】鈴木夏來
定価 3,300 円
(本体 3,000 円 + 税 10%)
ISBN978-4-907571-11-5

安心と安全を創る
教室インフラ

徹底反復研究会叢書３

帯タイムの理論と実践を徹底解説。帯タイムの活用例を紹介。

【著】徹底反復研究会中国支部
定価 2,200 円
(本体 2,000 円 + 税 10%)
ISBN978-4-907571-15-3

子どもの集中力を高める
帯タイムで徹底反復

2020 年小学校英語教科化！フィリピン発の新しい時代の英語教育の創造を提案します。

【著】陰山英男、藤岡頼光
定価 1,650 円
(本体 1,500 円 + 税 10%)
ISBN978-4-907571-12-2

リピン発・英語学習法
からの英語教育

東大生を育てたお母さんたちが子育てをふり返りながら、陰山英男先生と大いに語ります。

【著】陰山英男 他
定価 1,650 円
(本体 1,500 円 + 税 10%)
ISBN978-4-907571-05-4

東大生を育てた家庭の力

Ⅲ ストレスコントロール力

視点⑨ 悩みを紙に書いて分析する

視点⑩ ポジティブに、有意義に考える

視点⑪ 小さな自信、成功経験を持つ

視点⑫ 夢・目標を持つ

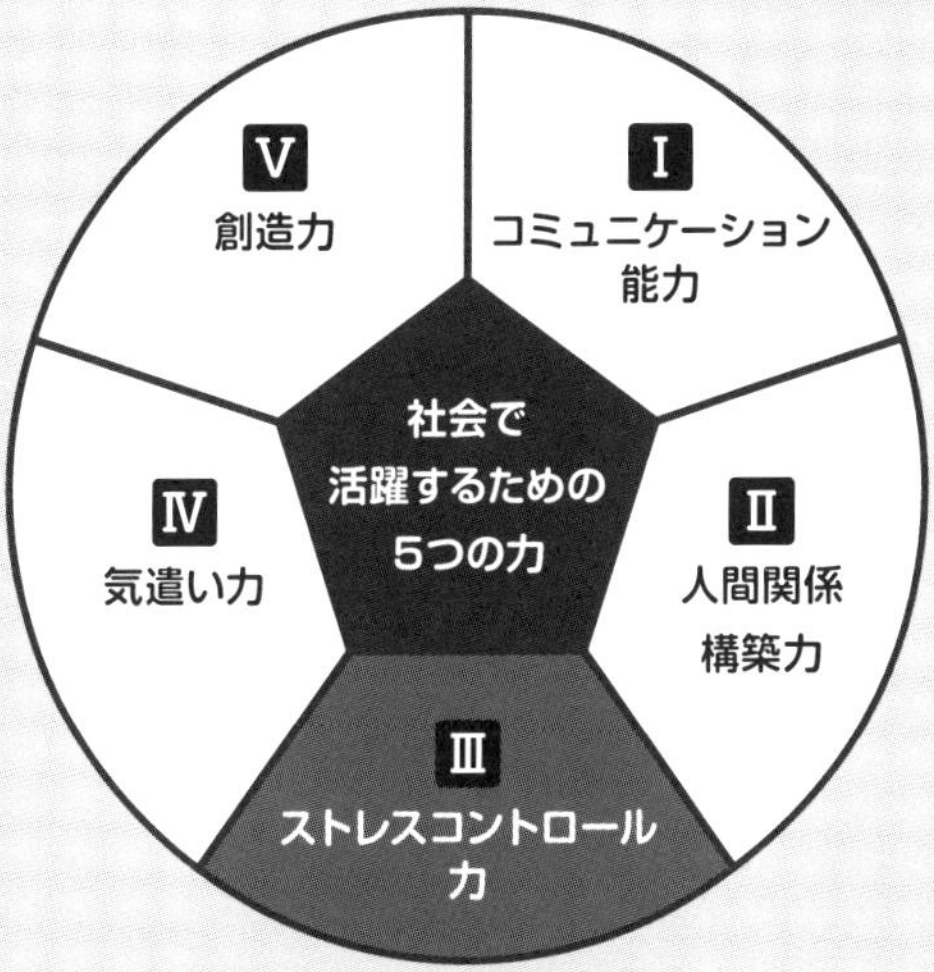

●夢・目標に向かっている最中はストレスをあまり感じない

通勤途中に「甲子園出場」を目標にしている高校があるのですが、球児たちは私には到底できない厳しい練習に耐えています。泥まみれになりながらも笑顔でノックを受けています。オリンピック出場を目指す人も球児たちと同じように過酷な練習に耐えていますが悲壮感はありません。また、東京大学合格、医学部合格、司法試験合格を目標に掲げる人も1日12時間を超える勉強をストレスと感じるのではなく、「やるべきもの」と捉えて頑張っています。起業をした人は起業当初の不安や困りごとを逆に楽しんでいる方が多いようです。

なぜこれらの人たちは、厳しい練習や試練をストレスと考えず、頑張り続けられるのでしょうか?

それは、夢を叶えたいとする熱い想いが苦労をストレスと感じないからだと思います。

私は司馬遼太郎さんの作品が大好きでよく読むのですが、作品「坂の上の雲」の中で、明治時代の人々は、世界に並ぶ近代国家を作り上げようと食うものも食わず努力します。辛いことも多かったでしょうが、不思議と明るかったそうです。それは近代国家を作り上げるんだ！という壮大な夢がみんなにあり、そこにたどり着こうとするモチベーションが高かったからだと思います。夢に向かっているときはモチベーションはとても高く、前に立ちはだかる壁をストレスと捉えず、「乗り越えるべき当然の試練」と考えるようです。

●夢・目標を持つメリット

塾の講師をしていると、目の前には夢を持った子どもたちばかりですので、感化され、自分も夢を持ちたくなります。夢を持つとこんなに生き生きするのか、と羨ましくなるからです。

夢を持つことのメリットは何があるのかちょっと検索してみました。

①生きるエネルギーにもなり、病気になりにくい。
②些細なことでもへこたれなくなり、ストレスに強くなる。
③やるべきことがわかり、無駄な時間が減らせて、行動が早くなる。
④悩むよりも、自分のやるべきことをやろうとして人生が楽しくなる。
⑤受け身では辛くなる仕事も、やりたいことであればやればやるほど元気になる。
⑥周りから輝いて見えるので、共感者が増え、自然と人が集まる。
⑦自分に自信が持てるので、人と比べなくなる。
⑧もてる。　⑨ポジティブシンキングになり、若々しくいられる。
⑩不安や悩みがなくなり、人生で迷わなくなる。

夢や目標が決まると能動的に活動できるので、周囲からもエネルギッシュに輝いて見え、共感者が支持してくれるメリットがあります。夢を持つことで副産物をたくさん手に入れることができて、その副産物がストレスを軽減させてくれるようですね。

●小さな夢・目標を持つ

私は、ずいぶん先の大きな夢にはなかなかモチベーションが湧いてきません。大きな夢を掲げた場合、達成するまでには時間もかかりますし、夢がはっきり見えないからです。皆さんもはっきりと映像として見えない夢に向かっては頑張りづらくありませんか？頑張れないと途中で挫折を味わう可能性が高まり、ストレスを抱えることにもつながります。

大きな夢を持つ場合は、細分化して小さな夢・目標に区切っていくことをおすすめします。

例えば、将来の夢を「パイロットになること」に設定するとしましょう。調べれば、英語力が必要だとわかります。ＴＯＥＩＣ７００点程度、英検２級レベルが必須とのことですので、高校１年生の段階で英検２級に合格し、高校２年生でＴＯＥＩＣ７００点に達すれば夢は大きく近づいてきます。そのためには、中学１年生の今は英検４級合格を目指し、２年生で３級、３年生で準２級を目指そうと思えます。英検４級を目指すのであれば、２月の試験日に向けて今から何をするべきか計画が立てやすくなり、動きがよくなります。

小さな夢・目標を持つことで、「逆算の思考」ができるようになることも財産の一つです。「逆算の思考」は、社会人として仕事を任せられた時、特に必要とされる考え方です。先ずはゴールを設定し、ゴールに到達するために必要なプロセスを計画し、実行に移します。見えやすいスモールステップにすると頑張りやすく、ストレスも軽減します。

●情報収集

カレーライスとお寿司と唐揚げとすき焼きしか知らなかったら、好きな食べ物はその中から選ぶしかありませんが、ビーフストロガノフや空心菜の炒め物やパエリアも知っていたら話は違ってきます。ちなみに私はこの場合、空心菜の炒め物を選びますが…。

将来の夢を語るうえで、まずはどんな職業や職種があるのかを知る必要があります。

よく報道される「なりたい職業ランキング」の上位は、いつも決まって、医者や教師、パイロット、YouTuber、パティシエですが、それは子どもたちがそのほかの職業を知らないからでもあります。大人になっても、「そんな仕事があったのか！もっと早くに知っていたら…」と後悔する場面は多いので、子どもであればなおさらです。

最終的には企業に勤める方が多くなりますが、それであれば職種にももっと関心を寄せて調べるべきです。財務担当として会社を支えたいのか、それとも営業の第一線で名を上げたいのか、はたまた戦略を立てる参謀として奮闘したいのか、社会では様々な活躍の仕方があります。日本国民全員が大活躍できる場が必ずどこかにあります。そこにたどり着いた人は幸せですし、そうでない人はぜひ探してほしいです。

ゲームが好きな人は多いです。では、ゲームに関連する職業はゲームクリエイター以外に何かご存知でしょうか？ぜひ調べてみてください。

課題
将来の職業について詳しく調べて、それを細分化して直近の目標を決めてみましょう。それについて3分間のプレゼンテーションで発表してください。

プレゼンテーションの際の注意点　「間（ま）を意識して話してください」

プレゼン例

いきなりですが、私の将来の夢は知事になり地元を活性化させることです。

選挙演説のようになってしまいましたが、私がそう思うようになったのは理由があります。

今政治家に対するイメージはよいものではありません。裏金や利権といったよくない言葉がネット上でも飛び交っており、全ての政治家がそういったことをしているのではないか、という疑念があるからです。

ですが、私は少し違った見方をしています。

ほとんどの大人が、日本をよくすることなんかできないよとあきらめムードになっている中、無理かどうかやってみないとわからないじゃないか！という気概で立ち上がっている方々が政治家だからです。

手を挙げたことこそがもっと尊敬されるべきだと思っています。

だからこそ私も退廃的なムードの日本を変えるべく立ち上がりたいのです。

知事について調べると、総務省出身の元官僚が多いことがわかりました。

総務省が地方行財政を管轄しているからでしょう。ただそうなると癒着することも考えられ、それは私の本意ではありません。ときに総務省とも相対する意見交換をしなければなりません。

そう考えると、立派に知事の職務を全うするには、法律のプロである弁護士であることが非常に有効であることに気づきました。法律や条例の制定・改廃に携わることが多い知事の業務はまさに弁護士の業務と重なることが多いこともわかりました。

ここから、まずは弁護士資格を取るために司法試験に臨むことが私に課されたミッションとなりました。

高い合格率を誇る大阪大学に魅力を感じましたので、まずは大阪大学法学部を目指します。

私は高校2年生ですので、次回の模擬試験でなんとか合格可能性を60%にまで持っていきたいと意気込んでいます。そのためには苦手の数学を克服することが先決だと分析し、今までの勉強時間に1時間プラスし、頑張っています。今の頑張りが夢につながっているのがわかるので、6時間の勉強も苦ではありません。日曜日は県立図書館に行って勉強していますが、図書館の有り様から県の財政状況がわかるので勉強になります。

夢が決まると何からでも学べることがわかったことが大きな収穫です。

夢・目標を持って頑張ればストレスは感じない。
夢を持つと、生き生きと無駄なく頑張れるので、周囲に支持者が集まってくる。
それがまたストレスを軽減してくれる要因になり、好循環が生まれる。

▼

知識を増やすと、今まで知らなかった職業や職種、夢が目の前に現れる。
情報収集が大切である。

▼

それを細分化して、小さな夢や目標を作りましょう。
スモールステップにすればクリアしやすくなり、ストレスを軽減できます。

第４章
気遣い力

「空気を読む力」は本当に必要です。空気を読めなければ、その場にふさわしくない発言や行動をしてしまい周りからひんしゅくを買います。「なぜこの場でそんなことを言うのかな？」「周りがこんなに忙しくしているのにどうして動いてくれないのだろう？」――こうした経験のある方は多いと思います。しかし、それを注意し、指摘できる時代ではなくなってきています。空気を読めない人の元からは、自然と人は離れていきます。

空気の読める人は、相手が今どう思っているか、何をしてほしいのかを瞬時に感じ取れる人です。そして、自分自身が周りからどう見られているのかを客観視できる人です。そして空気の読める人は、相手の気持ちや願望を読んだうえでそれにふさわしい発言や行動を取ることができます。それが「気遣いの行き届いた人だな」という評価につながります。

私は「空気を読む力」と「気遣える力」は比例すると思います。そしてこれらの力がないと社会での活躍はなかなか難しいだろうなと思っています。昔は周りに「怖い存在」がいて、その人の顔色を伺うことで空気を読む力を鍛えることができました。怖い学校の先生がホームルームの時間に大声で怒ってクラス全体がシーンとなった場面を経験された方も多いと思います。でもこれからは「優しい時代」が来ますので、顔色を伺う存在や空気を読まなければいけない場面が少なくなるでしょう。そのような時代が来ても、空気を読んだり人を気遣えたりできるように、４つの視点でトレーニングを積んでいただきたいと思います。

Ⅳ 気遣い力

視点⑬ 掃除をする

視点⑭ 相手の関心を見抜く

視点⑮ 相手の予想を上回る

視点⑯ 小さいことにこだわる

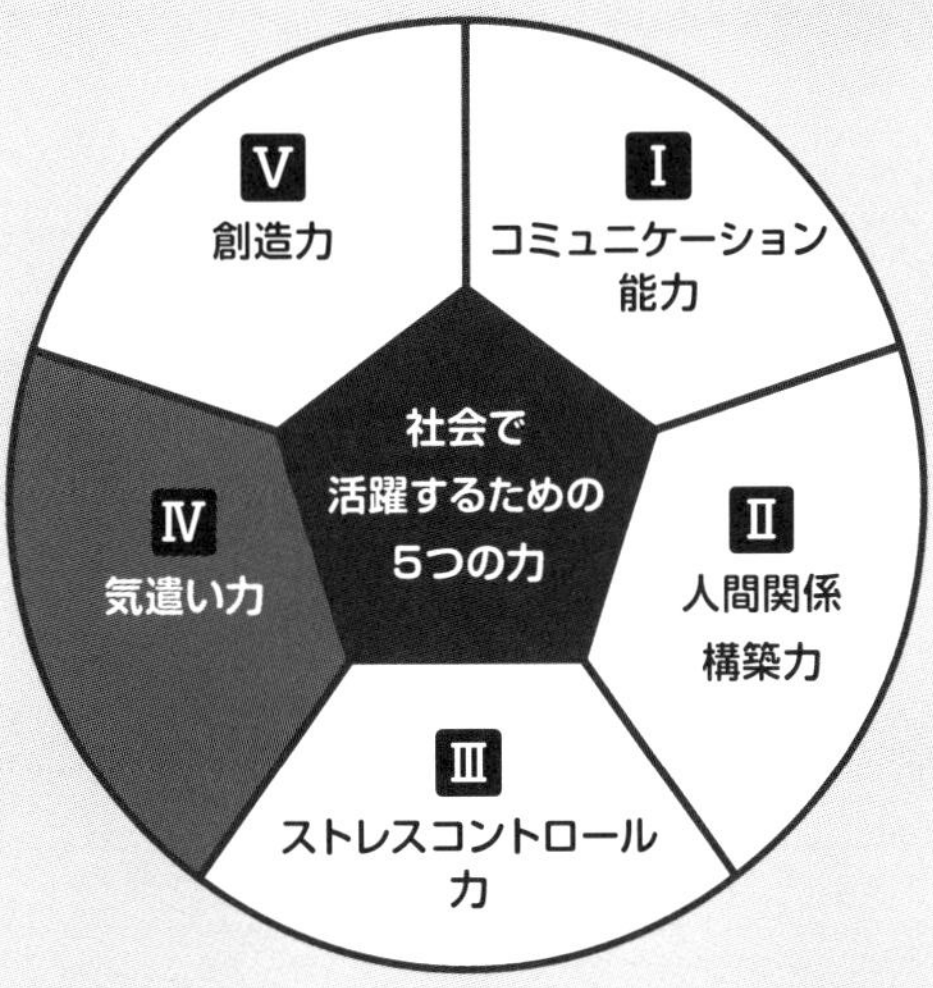

●掃除のメリット

私は学生時代に、社会勉強を学ぶ機関で「掃除」の大切さを教えていただきました。例えば、電球を毎回外して掃除することや、受話器を上げてコードを丁寧に拭くことなどです。掃除を頑張るメリットはたくさんあり、一般的には、①「その場がきれいになる」、②「仕事の段取りがうまくなる」などが挙げられますが、私は、③「気づけるようになる」という重要なメリットを学びました。

③の「気づけるようになる」については後で詳しく述べますが、②の「仕事の段取りがうまくなる」は何となくわかりますよね。仕事も掃除も業務ですので、掃除を段取りよくできる人は仕事も効率よくできることにつながります。パナソニック創業者の松下幸之助さんも次のように述べています。『掃除も製品をつくることも同じだ。次の次のことを頭に入れて、仕事をしなければいけない。掃除をうまくやるには段取りが必要だ。この点において掃除と仕事は同質のものだ』と。

全く同感です。その場をきれいにするだけではなく、時間軸も入れて、このあとこの場は何に使われるのかを考え、今の掃除のやり方でどのくらいの時間を費やすのかを計算し、どうすれば時間を短縮できるかのアイデアまで考えられる人は、仕事でも大いなる活躍が見込めます。

また①②③以外にも掃除の効能はあるようです。調べてみると、「すっきりと片づいた空間は、幸福感・平静・満足感などのポジティブな感情になりやすく、不安解消にも通じる」という研究結果もありました。ある教授は、磨き掃除の反復運動が「セロトニン」というホルモンを分泌し「やる気や学習能力が高まる」ことが期待できると発表されていました。勉強や仕事をするうえでポジティブな感情や、やる気の向上は大切ですので、私も早くから知っておきたかったです。

そして、③の「気づけるようになる」についてですが、私は「掃除」を「どこまでするか」によってその人の気遣い力がわかると思っています。例えば、四角い机を「端まで拭かず円く拭く」人は、他者や仕事に思いを馳せる力が弱いと思います。鬼の気遣い力で有名な「電通」で、入社試験の中に、「布巾でこの机を1分以内で綺麗にしなさい」というテストがあったというのは有名です。机の上だけを拭く人もいれば、太ももの当たる机の裏側まで拭く人もいます。もっと気遣いができる人は机をひっくり返して机の脚や脚の裏まで拭いた人もいたのかもしれません。この机を使う人はどこに手を置き、どこに足が触れて、どこがきれいだったらうれしいだろうと思いを馳せられる人はあらゆる所を掃除するのです。それこそが気遣いをする上で大切だと思います。掃除はどこまで深く想いを馳せられるかがポイントで、掃除をする力は気遣い力に比例します。それを学生時代に徹底的に教わりました。

●とにかく使う人のことを考える

私は、ＮＨＫの番組「プロフェッショナル　仕事の流儀」をよく見ていましたが、そこでも取り上げられた「新津春子さん」は掃除の世界で非常に有名な方です。私も大尊敬しています。世界の空港の格付け調査を実施しているスカイトラックス社が発表したワールドエアポートアワードで何度も「世界で最もきれいな空港」の称号を得ている羽田空港において、当時、羽田空港の連続受賞を支えていたのが新津春子さん率いる熟練の清掃員の方々でした。新津春子さんの発言に次のようなものがあります。

『まずは使う人のことを考えます。いつもみんながどこを触っているのかによって、清掃の手順を変えていく。背の低い方や子どもならきっと脚の低い部分を触るだろうし、年配の方ならテーブルに体重をかけて座るかもしれない。物がある場所の環境や使う人によって汚れも変わるからこそ、どう清掃をするかが大事です』

掃除はまずは相手を思う気持ちから始めなければいけないようです。相手を想う気持ちが、気を利かせる力につながりますが、著書「掃除道」でも有名なイエローハット創業者の鍵山秀三郎さんが「気が付き、気を利《き》かせ、気を配る」ことが掃除の本分であるとおっしゃっています。二人の意見をまとめると次のようになります。

①相手のことを深く考える

②深く思いを馳せればいろいろなことに気がつく
③気がつくと、相手を喜ばせようと気が利く行動を取ることができる
④その行動を取り続けると「気を遣える人」になれる
掃除も仕事も「こなす」だけなら誰でもできますが、「相手に感動を与える」となると①～④の姿勢が必要になってきます。

●掃除を学ぶ

「上から下へ」「奥から手前」に掃除をすることは基本です。畳であれば目に沿って掃除機をかけることも常識です。畳の目の間に入ってしまったホコリやゴミを容易に吸い取るためです。私は学生時代このようなことすら知りませんでした。そして、畳と畳の縁は分けて掃除する方がよいとされています。そこには段差があり、それを気にかけずに掃除機を強く当ててしまうと衝撃で縁がめくれたり破れたりするからです。みなさんはご存知でしたか？

細かいことを伝えましたが、掃除はとても奥が深いです。単に雑巾をかけるのではなく、使う洗剤や拭き方、雑巾の種類なども調べながら行うと気を遣う習慣が身につきます。しかし、一番大切なのは、やはり「使う相手のことに思いを馳せる」ことです。

課題

家のトイレを掃除しましょう。
掃除をして気づいたことを3分間のプレゼンテーションで発表しましょう。

プレゼンテーションの際の注意点

硬い表現を使わずに、あえて砕けた表現をつかってみましょう

プレゼン例

僕は3日前、2時間かけてトイレタンクを掃除しました。それは「流れてくる水がきれいだと家族のみんながうれしいと感じる」と思ったからです。聞けば、トイレタンクは家族の誰も半年間は掃除していないとのことでした。「だったらこの機会に！」と思って、ここを重点的に頑張ることに決めました。

まず、前日に重曹を入れておき、翌朝流すことである程度きれいにしておいてから、専用洗剤を買ってきて、ふたの裏側の黒カビや水アカを洗い落としました。

何でも強くこすった方がよいと思っていた私にとって大きな発見がありました。強くこすると部品を傷つけてしまい故障の原因になることがわかったのです。気を配りながら、雑巾を押さえつけるようにして拭くことで対応したところ、問題なく汚れが落ちていきました。

トイレタンクが終わったので掃除を終了しようとしたのですが、トイレタンク上の手洗い場

の蛇口が光っていないことが気になり出しました。家族のみんなも「蛇口は光っていた方が気持ちがいい」だろうと思い、「激落ちくん」を買いにスーパーに走り、磨き上げました。

蛇口以外は日常では見えない箇所でしたが、見えない所を磨き上げたことで私の気持ちが大いに晴れました。次の日、お母さんが使っている台所の蛇口も「激落ちくん」で磨き上げました。すると蛇口だけが気になっていたのですが、キッチンのシンク全体を見渡した時、まだまだ磨き上げられる箇所があることに気づき、排水溝をはじめ片っ端からピッカピカにしていきました。

両親から『あんた、すごいやん！』とほめられたのは言うまでもありませんが、僕自身「次から次へと気づけるようになった」ことが、大きな発見でしたし、その発見できる力がめちゃくちゃ自信になりました。

掃除は、終わった瞬間から「次に汚れているところはないかな？」と探し出すものであることもわかりました。そして、「これこそが気づける人になる重要な要素なんじゃないのか？」と気づきました。スポンジを持ったお母さんが『ほかに洗える食器があったら持ってきて～』と叫んでいるのがよく理解できましたし、お母さんが僕のあらゆることに気づく理由がわかりました。

掃除のメリットはさまざまあるが、「気づける人になる」という点が大きい。

◀

「掃除のレベル」は「気遣い力」に比例するので掃除でトレーニングするとよい。

◀

「使う人のことを考える」と、どこを掃除するべきかわかる。
①相手のことを深く考える
②深く思いを馳せればいろいろなことに気がつく
③気がつくと、その人を喜ばせようと気が利く行動を取ることができる
④その行動を取り続けると「気を遣える人」になれる

◀

掃除は奥が深いので、正しい掃除の仕方を学ぶべきである。

Ⅳ 気遣い力

視点⑬ 掃除をする

視点⑭ 相手の関心を見抜く

視点⑮ 相手の予想を上回る

視点⑯ 小さいことにこだわる

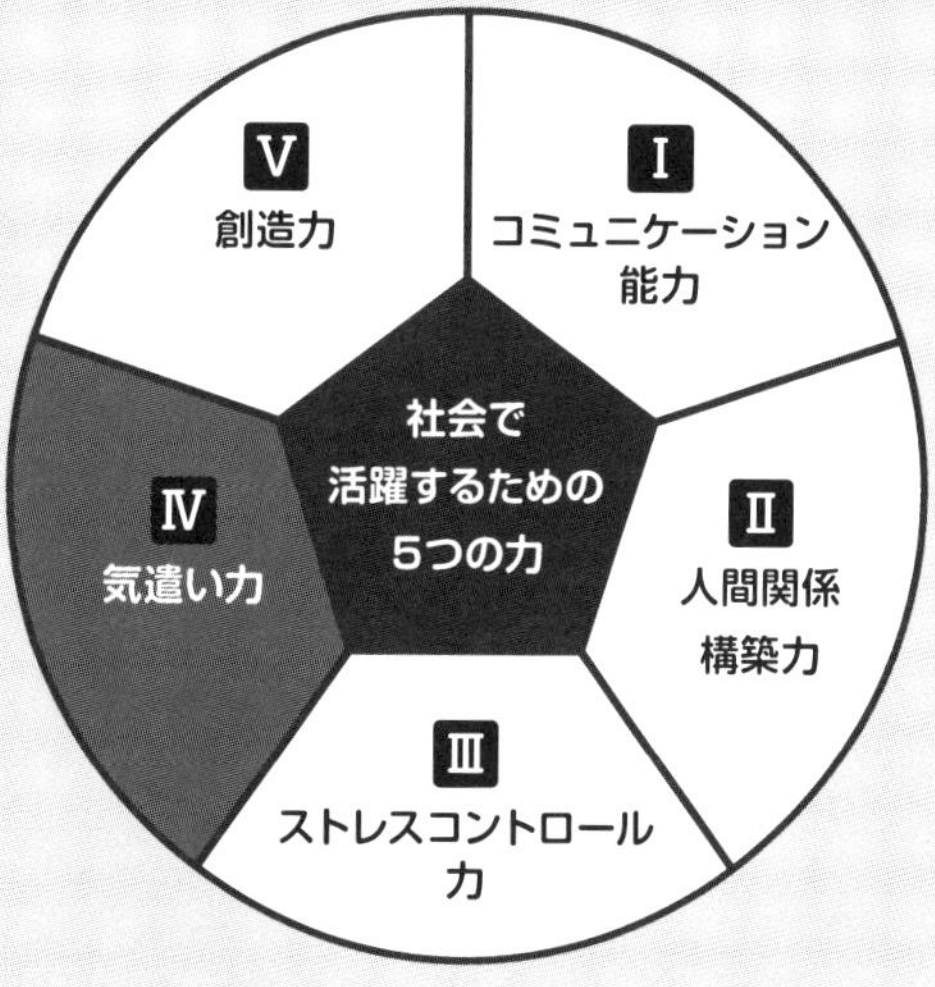

●相手の関心を見抜いたら・・・

私の家の近くにとても繁盛しているバイク修理屋さんがあります。そこのお兄さんは直せないバイクはないほどの腕前で、修理を依頼する人は他県にも及び、同業者のバイク屋さんから手に負えない修理を任されるほどです。職人気質で、筋の通らないことにはハッキリ「NO!」と言うので私も少し緊張しますが、そのお店は予約待ちが出るほどです。にもかかわらず、私のバイクだけは優先的に見てくださいます。それは一体なぜでしょうか?

それはそのお兄さんの趣味が私と同じ「キャンプ」で、毎回1時間以上話し込む仲だからです。最近そのお兄さんの趣味に「金魚」も加わり、「金魚の飼育方法の難しさ」について昨日も1時間ほどレクチャーを受けてきました。レクチャー中にバイク屋さんの電話が何10回と鳴りましたが、私との話を優先してくださいました。

同じようなエピソードを歴史上の人物同士でも見つけました。登場人物は徳川幕府第15代将軍徳川慶喜さんとその部下勝海舟さんです。大政奉還のあと、謹慎処分の徳川慶喜さんは東京の巣鴨で悠々自適な隠居生活を送っていました。そこに3人の元部下が訪ねてきました。今でもそういうシチュエーションはありますよね。そして、そのうちの2人は徳川慶喜さんに気を遣っていろいろお世辞を言い出したそうです。

『慶喜公、立派なお屋敷ですね～』

『殿、豪華な家具ですね～』

それに対して徳川慶喜さんは『ああ』とそっけなく答えただけで、特に喜んだ様子も見せません。でも、残りの一人、勝海舟さんは徳川慶喜さんにこんなことを言いました。

『机の上に置かれているこの写真は慶喜様が撮られたのですか？そうでしたら、なかなかの腕前でございますな』と。その言葉を聞いた徳川慶喜さんは途端に機嫌がよくなり、そのあとは、ずっと勝海舟さんに対して笑顔を絶やさなかったそうです。実はこの時、徳川慶喜さんは写真撮影に凝っていて夢中になっていたそうです。大好きな趣味の腕前をほめられた徳川慶喜さんは、勝海舟さんだけを別室に呼んでほかの写真も見せる喜びようだったようです。さすがは勝海舟さんですね。

さて、2つの話から何がわかるでしょうか？

それは、「相手の関心を見抜き、それを話題にあげて話すことができると、文句なく好かれる」ということです。調べてみると、大天才と呼ばれるアイザック・ニュートンさんも、「相手がお気に入りの事柄をほめれば、たちまち相手は好感を持ってくれる」と言ったという逸話があります。

ここで大切なことは、「相手の関心の高い事柄を見つけないといけない」という点です。ピントのずれたことをいくら話題にあげてもだめなのです。

●相手に興味を持つと関心の在りかが見えてくる

相手の関心の在りかは、言葉の端々や持っている物、声のトーン、目の輝きでわかります。皆さんの上司は、ジャイアンツの選手層の厚さをうれしそうに話していませんか？頑固な取引先の役員は、お孫さんの写真を待ち受け画面にしているかもしれません。気難しいＰＴＡ会長が、スヌーピーの手帳カバーを使っていたらその話題を出してもいいでしょう。このように、相手に興味を持つと相手の関心の在りかが見えてきます。相手に興味を持つと、相手の出身地を尋ねたりもするでしょう。すると、相手の土地柄から推測して、好きな食べ物を当てることができるかもしれません。同じく相手の年齢がわかれば、興味を持って観ているテレビドラマを推測することができます。相手に興味を持つことでどんどん会話は弾み、その中で相手の関心事に行きつきやすくなります。

ぜひ、相手の家族構成、現在のお住まい、休日の過ごし方などに興味を持ってください。

●目の前にいない相手の関心を見抜くには

皆さんは目の前にいない相手の関心がどこにあるのかを見抜けますか。それが見抜けたら、あなたは出世しますし、あなたの商売は繁盛します。目の前に居ないので、推測するしかないのですが、だからこそ関心を見抜けば相手は驚きますし、感動してくれます。恋人が欲しがっていた物を見抜いてプレゼントすれば、喜びが倍増するのと同じです。

私が勉強してきたデール・カーネギーの名著「人を動かす」には、「相手の利益となることを示すことが出来れば協力を得ることが出来る」と書いてあります。人は「得すること」に敏感です。というより、得することでしか動きたくありません。この考え方は、「目の前にいない相手の関心を見抜くこと」に大いに有効だと思います。そうです、相手が得することが、相手の一番の関心事になります。有名コンサルタントの神田昌典さんも、「その商品をきっかけにお客さんがどういった痛みを解消していけるのか、どういったベネフィット（利益）を得られるのかを考えて、お客さんに向けてキャッチコピーを打つとよい」と提案されています。同じですよね。「痛みから逃れたい、より多くの喜びを得たい」というのがまぎれもない人間の気持ちです。ここにクローズアップできる提案や話題を提供できる人が人気を博します。

相手の「関心」を、「相手が得すること」、「痛みから逃れられること」「より多くの喜びを得られること」に絞って、探っていくことが「相手の関心を見抜く方法」になると思います。例えば相手が中学生なら定期テストの点数の上げ方には関心があるでしょう。人間ドックで胃カメラ検査をする30代の社会人なら、痛くない検査方法があれば目を輝かせて聞いてくれます。近くにできたスーパーのクオリティーの高さや談話スペースの充実度などは、間違いなく周辺住民の関心のトップ項目になります。

課題

年齢が10歳以上離れている人とお話しして、関心の在りかを探ってください。探り当てたらその話で盛り上がってください。その内容を3分間のプレゼンテーションで発表しましょう。

プレゼンテーションの際の注意点　『会話』部分をたくさん入れて話してみましょう

プレゼン例

お正月に30歳の叔父さんとコタツに入ってみかんを食べながら話しました。

叔父さんは1年前に男の子が産まれたので、子育てで忙しい1年を過ごしたようでした。今回はおじさん一人での帰省でしたのでゆっくり話せました。

さぞかし楽しい日々を過ごしていて、僕のように勉強で悩んでいるのとは違って悩みなんかないんだろうなと思っていたらそうではありませんでした。

『陸斗を連れてどこかに行ったの？』『本とか読んであげてるの？』

いろいろ尋ねてみたのですが、『うん？』『ああ』という気のない返事が多く、あまりその点に関心があるようではありませんでした。

そこで、『叔父さんの仕事って楽しいの？』と尋ねました。

すると、叔父さんの表情が急に曇りました。

叔父さんの悩みは、「将来への不安」だったようです。またそれが一番の関心事でした。子どもができたことで、責任がのしかかり、仕事も家庭も両立しなければならないというプレッシャーに押しつぶされそうになる時があると吐露してくれました。

『慎太郎、よく聞けよ。やっぱり大人になるとしんどい時がある。最近特に思うことは、無駄な経験は一つもないってことだ。中学時代に、レギュラーになれなくて悔しいと泣いたことも、期末テストで大きな読み違いをして50点になったことも、通学時に自転車で川に落ちたことも、英検4級を受けたことも、失恋したことも、全てどこかで役に立つ。必ずどこかで役に立つんだ。これはおっちゃんが保証する。そして勉強はしておけ。知らなくて損することはあっても知っていて損することは一つもない。勉強は正しい判断をしなければならない時に役立つ。判断は一瞬でしないといけないけど、正しい判断をするためには何年何10年と勉強しておかないといけない。それを今、身をもって経験している。慎太郎、だから勉強はしておけ』

叔父さんは1時間近く僕にためになることを熱く話してくれました。そして人は関心のあることは雄弁になることもわかりました。

ちなみに叔父さんは僕に語ることで、今の自分の悩みも将来の糧になるんだと整理できたようで、『お前のおかげでおっちゃんの悩みも解決した！』と言ってくれました。

相手の関心の在りかを見抜けたら、好かれる。

関心の高い事柄を話題にあげてほめることが大切で、その関心事が何なのかに気づく能力が必要である。

「相手に興味を持つ」と、相手の関心事項がわかりやすい。
目の前に相手がいない場合、「相手の利益となること」を考えると、それが関心事である場合が多い。

Ⅳ 気遣い力

視点⑬ 掃除をする

視点⑭ 相手の関心を見抜く

視点⑮ 相手の予想を上回る

視点⑯ 小さいことにこだわる

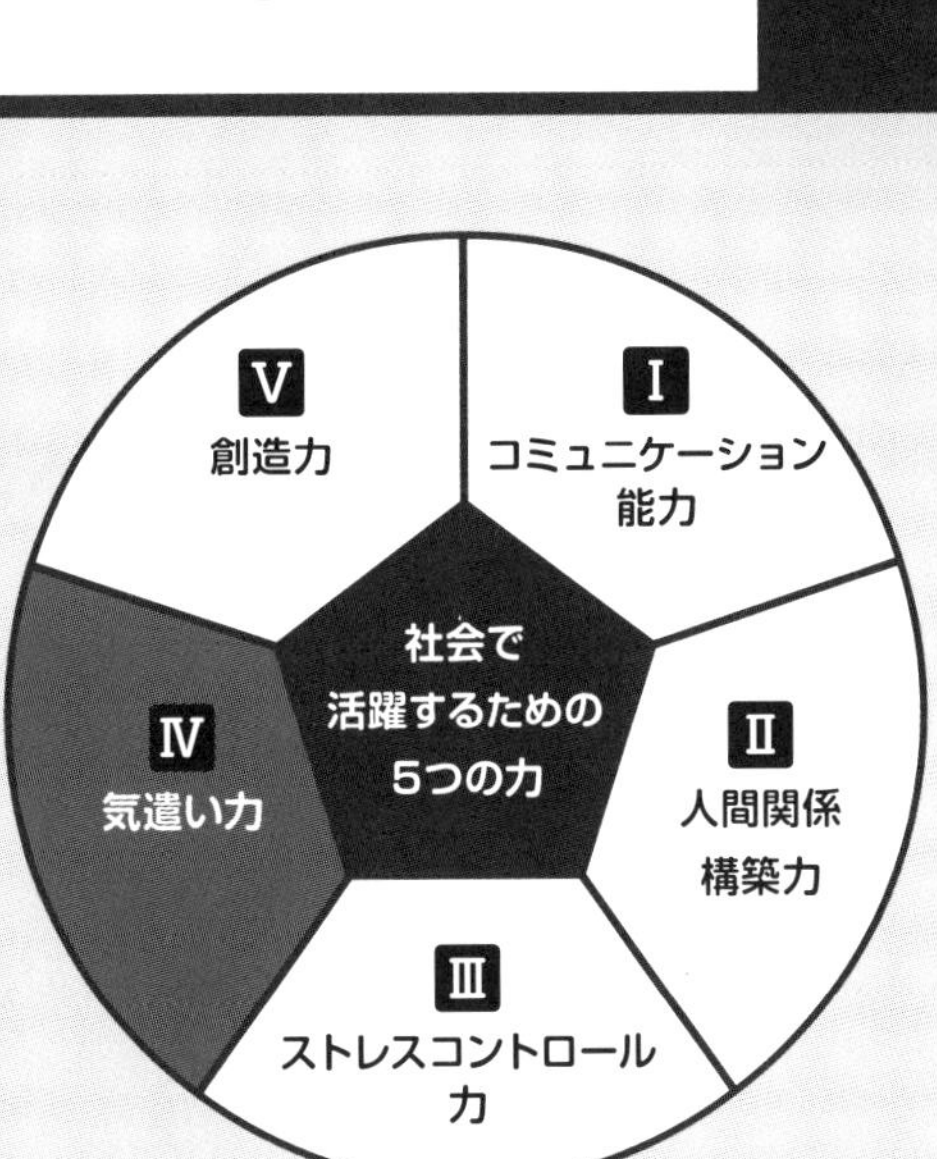

●予想を上回った時にファンができる

私が座右の銘にしている言葉があります。それは、阪急東宝グループ創業者小林一三さんがおっしゃった「下足番を命じられたら日本一の下足番になってみろ。そしたら誰も君を下足番にはしておかぬ」という言葉です。私は、これを「どんな仕事を言いつけられても、相手の予想を超える仕事ぶりで返すことで、高い評価で認められ、もっと大きな仕事を任せてもらえる人になれる」と解釈しています。下足番とは下駄箱を管理する人という意味ですが、この場合、「この俺が下足番か〜」とふてくされるのではなく、「だったら日本一の下足番になってやろう！」と意気込み、「全ての靴の持ち主の顔を覚えておき、その方が来られたら『どの靴ですか？』と尋ねることなく、さっと差し出すことができれば、相手はあなたの仕事ぶりに感動します。そしてあなたのファンになり、『日々の仕事にここまでの熱意で気遣いできる仕事をするのだから、ほかの仕事であっても力を発揮してくれるだろう』と別のオファーを提供してくれるようになります。

どこにいても、何をしていても、人は何らかの予想をしていますので、それを上回る行動をすると相手は感動し、あなたのファンになってくれます。レストランで注文したオムライスを待っていたら、『お店からのサービスです』とサラダの無料提供があったら感動しますし、修理工場で車を直してもらっていても、予想より15分も早く修理が終われば、その店のファンになります。自分が友人におすすめした本を、1か月後に「読んだ」と報告をくれても感動しませんが、わずか2日後に「読みました。とても感動しました！」というメッセージが届けば、もっともっとその人と友好関係を築きたくなりますよね。

●相手の予想を上回るチャンスはどこにでもある

一度会っただけの相手のフルネームはなかなか覚えられないのが普通です。私も苦手です。だからこそ「覚えている」ことが相手の予想を上回り、「1回しか会っていないのに自分のことを覚えてくれていた！」と相手に感動を与えます。そうです、「名前を覚える」という行為にも、「相手の予想を超える行動」が存在するのです。ちなみに、名前を覚える名人として田中角栄元首相はその筆頭に挙げられます。毎晩枕元に「政府要覧」と各省庁の幹部名簿を置き「覚える」ことを実践されていたという裏話があります。予想を超えるには「努力も必要」なことがわかります。さらに相手の息子さんやお嬢さんの名前を覚えておくことはさらに予想を上回ることになります。このように、相手の予想を上回る手段はいくらでもあります。

学生であれば、授業態度、成績、課題の提出、登下校の様子に関して予想は存在します。全ての行動で、相手の予想を上回る行動が取れると、一目置かれる存在になります。

●予想の上をいくのがプロフェッショナル

ビジネスの世界では相手の予想を上回ることを目指します。その好例はいくらでもあります。「かばんはハンカチの上に置きなさい」の著者川田修さんは保険業界のトップ営業マンです。本のタイトル通り、お客様のお宅を訪問した際、ハンカチを敷いてから自分のカバンを置くそうです。ちなみに帰る際も、お客様から差し出された靴べらを「私が使うのは失礼ですので」と丁重にお断りし、マイ靴べらを出して使用するそうです。「相手に失礼のないように」という気遣いにプロを感じますし、「そこまでするのか！」と驚嘆する方も多いでしょう。鉄鋼商社に勤めていた私の大先輩は、建築現場の方に適切なアドバイスをするために2級建築士の資格を取り、現場の方を上回る知識を持ち、現場の職人さんから信頼を得ました。営業活動のために建築士の資格をわざわざ取得する人は稀ですので、そこまでの熱意に周りは感動し、受注数もトップクラスだったそうです。有名ホテルでは、お客様の出身地によって室内の設定温度を変えるサービスも行っています。沖縄の方と北海道の方とでは同じ温度でも感じ方が異なります。相手のことを想っていないとできないサービスです。私の教え子の中に、模擬試験の日、数学のテストでコンパスを使用するのですが、友達が忘れるかもしれないと予想して、友達のために常に5本持ってきている生徒がいたときには驚きました。優しい気配りのある子でしたし、実際たくさんの友人に囲まれていたのをはっきりと覚えています。

●量（数）・質・時間で予想を上回る

「相手の予想を『何』で上回るのか？」を考える必要があります。

超える項目は、「量・数」「質」「時間」の３つと考えてよいでしょう。

全ての項目で超えることは最も素晴らしいですが、まずは一つの項目で上回ることを意識してください。

例えば、日曜日に、親からミニバン・アルファードの洗車を頼まれたら、予想を上回る動きの一つとして、横に停まっているセカンドカーのＮ－ＢＯＸまで洗い終えれば、「量（数）」で相手の予想を上回ることになります。お父さんは絶対に笑顔になるはずです。

例えば、洗濯物を畳むことを頼まれたら、畳むだけではなく、シャツにアイロンをかけることまですれば、「質」で予想を上回ったことになるでしょう。お母さんは涙ぐまれるかもしれません。

歩いて往復15分かかるスーパーで生姜を買ってくるように頼まれた時、往復をダッシュして10分で帰ってきたとしましょう。すると「時間」を短縮したことで、一生懸命さが伝わり感動を生みます。お皿に生姜焼きの豚肉を1枚多めに乗せてくれると思います。

相手の予想を「量（数）」「質」「時間」のどの分野で上回れるのかを意識しましょう。意識する中で相手を想う意識がトレーニングされ、気遣い力がアップします。

Ⅳ 気遣い力 視点⑮ 相手の予想を上回る 課題とプレゼン例

課題

リビングの掃除をしましょう。
その際に「量」「質」「時間」のいずれかで予想を上回るようにしてください。
実践した結果、わかったことを3分間のプレゼンテーションで発表しましょう。

プレゼンテーションの際の注意点　「会話」の部分を3カ所入れてみましょう

プレゼン例

先週の10月25日の日曜日、部活から帰ってきた僕に父がこう言いました。『リビングの掃除をしてくれよ、予想を上回る掃除をしてくれたらうれしいなあ』と。

正直、部活の練習でクッタクタでしたので、『え～、せっかくゆっくりとテレビで映画を観たかったのに～』と反発してしまいました。今思えば予想を上回るどころか、相手の予想を大きく下回る発言をしてしまいました。でも、社会人基礎力につながる力をつけるのトレーニングの一環だとわかっていましたので、仕方なく3時からリビングの掃除をすることを約束しました。

いざ始めてみると、テレビの裏のほこりの多さに驚き、ソファの下には靴下が片方ばかり6つもあったのには唖然としました。最低基準の掃除をするだけでも大変だなあと今回のミッションのしんどさを痛感しました。

そんな時、天井のシーリングライトが目につきました。ブツブツ言いながらも、雑巾で外側から拭いてみました。拭いていると、ライトカバーの中に虫の死骸があるように見えたので、思い切ってライトカバーを外してみました。案の定、何匹かの虫が死んでいて、それをきれいに取り除きました。妹は虫が苦手なので喜んでくれるだろうなと思って掃除をしていると、だんだん掃除が楽しくなってきました。最終的には、家の中にある5つのシーリングライトのライトカバーを全て外してピッカピカに拭き上げました。

『僕は、頼まれてもいないのに、家の中のライトカバーを全て外して磨き上げたんだ。自分で言うのもおこがましいが、よく気づける奴だなあ～』と独り言を言っていました。

それから2週間経つのですが、照明を見上げるたびに、心の軽さや自己肯定感を感じることができています。

予想を上回ることとは、「しなければならない義務」のラインを超えた領域ですので、やっていて「しんどい」のではなく「楽しい！」という感情になれることがわかりました。「予想を上回ることを実施しているプロフェッショナルの方は、実はそれを楽しみながら行っているのではないか」ということもわかりました。

◀ 相手の予想を上回ると、相手は驚き、感動し、あなたのファンになってくれる

◀ 相手の「予想」は、いつでもどこでも存在し、それを上回るチャンスはいくらでもある

量（数）・質・時間、いずれかで相手の予想を上回れるように意識し、実践してみましょう。

Ⅳ 気遣い力

視点⑬ 掃除をする
視点⑭ 相手の関心を見抜く
視点⑮ 相手の予想を上回る
視点⑯ 小さいことにこだわる

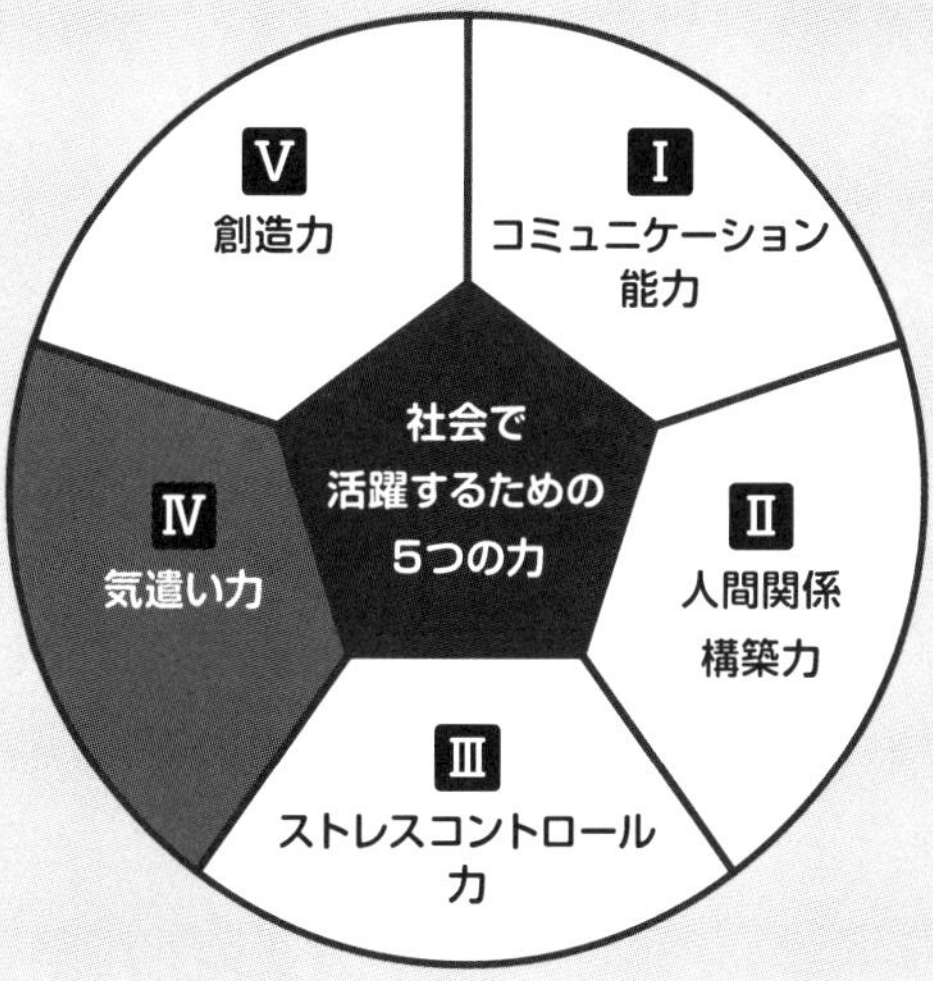

●小さいことにこだわれる人は気遣いができる

「小さいことにこだわる」ことは、よい意味にも悪い意味にも解釈されますが、評価される仕事を行ううえでは非常によいことだと思います。メールを送る際にも気の利いた一言を添えられる人にはファンがつきます。原稿の校正を頼んだ時に、フォントの違いや句読点の位置まで気を配れる人はきちんと仕事を遂行してくださるので安心です。プロフェッショナルな方は「細かいことまできちんと」されています。ドイツのモダニズム建築家ミース・ファンデル・ローエ氏が標語として使用していた言葉「神は細部に宿る」は有名ですが、本当にその通りだと思います。細部にこだわってこそ作品の本質が決まるので、細かい所にまで気を配らなければいけないという意味だと思いますが、細部にこだわることができる人は細かな配慮ができますので、気遣いも繊細で、多くの支持者を得ることができます。

例えば、日本映画界の巨匠黒澤明さんは、代表作「赤ひげ」のワンシーンで、医師の赤ひげの背後に置かれた薬を入れる棚箱に本物の薬草を入れさせたというエピソードが残っています。撮影には、棚箱を開けるシーンがなかったのにもかかわらずです。このエピソードは有名ですが、映像にリアリティを出すための細かなこだわりは尋常ではなかったことがよくわかります。このような黒澤さんだからこそスタッフへの気遣いのこだわりも徹底していました。黒澤さんの撮影時間は午前9時から午後5時と決まっていたそうですが、それは、スタッフの撮影の準備と後片づけのためだったそうです。スタッフは朝9時から撮影を開始するためには準備のため監督や俳優陣より早くから動かなければなりません。そして、夕方5時に終わっても片づけが残っています。そんなスタッフのことを想って働きやすい時間帯に変更したそうです。そういう配慮を無視する監督も多かった中、黒澤さんはスタッフへの細かな配慮を徹底されました。さすが世界の巨匠です。作品にもスタッフへも思いを馳せられる人です。ちなみに、黒澤さんは宴会の席では、主にスタッフさんたちに高級な洋酒や牛肉をふるまったそうです。

●小さいことにこだわる習慣をつける

私がディズニーランド好きなことは別の章でも触れましたが、好きなゆえに関連する本もたくさん読んでいます。トム・コネラン氏の著書「ディズニー7つの法則」の中でアメリカディズニーワールドの小さいこだわりが紹介されていました。パーク内には「ヒッチングポスト」という馬の頭の形をした杭が37個あるそうです。その杭全てを毎晩取り外してペンキを塗り直していることが紹介されていました。塗り直すのは3か月に1回程度でよいのでは？と思ってしまいますが、毎日行うそうです。「魔法をかけ続けるには小さいことにこだわり続けるしかない」、それが企業文化になっているのです。

小さいことにまで思いを巡らすためには、どうすればよいのでしょうか？

まずは、自分自身が細かいことを重視していく必要があります。

例えば、字の書き順を自分自身が何も気にしない場合は、相手の字の書き順ミスにも無頓着になります。自分が気にしない事柄は相手のそれにも気づきません。もしあなたが飲食店に入り、店員さんが注文を聞きに来るのが遅い場合、あなたが何も感じないのであれば、あなたが店員の立場になってもお客様の心理はわかりませんので、素晴らしい気遣いはできません。

「生まれ持った感性だ」と言ってしまえばそれまでですが、まずは自分自身が小さなことを気にしようとすることが大切です。こだわる箇所は人によって異なりますが、仕事における「核心」の部分はやはり徹底的にこだわるべきです。ちなみに私は塾の教壇で授業をすることが本業ですので、「授業」に関することだけは並々ならぬこだわりがあります。授業の導入、例題の質、笑い、話し方、間《ま》、全体の緩急などは一切妥協できません。

●細部を気にする

小さいことにこだわるとは、社会人であれば、靴が汚れていないか、爪は清潔に見えるか、ネクタイはしっかり締められているか、字は丁寧に書けているか、かばんの中は整理整頓されているか、挨拶は機敏に行われているか、返事をすぐに返しているか、などは最低限きちんとしなくてはいけません。

●他者がどこを気にしているのかを知る

自分はそこまで気にしないが、他人は結構気にしている小さい箇所は意外と多いものです。

そこで、小さいことだけど他者が気にすることを知っておくと気を配る際に非常に有効です。

例えば、あなたの友人が、

『店に入った時、「いらっしゃいませ」の言い方でその店の良し悪しを判断するので、第一声をとても気にしているんだ』

という発言をしたのなら、それは記憶にとどめておいた方がよいでしょう。自分がその立場になった時、第一声に気を配ることができ、元気な声で接客できるようになるからです。

ほかにも『玄関マットの汚れがすごく気になるのよね〜』とか『トイレの綺麗さでリピートするかどうかを決めるときもあるわ』という発言を聞いたのなら、それを覚えておき、チェック項目に入れておくべきです。

私はデール・カーネギー・トレーニングコースで学んでいる時、多くの女性の方が「とにかく男性の靴をチェックする」という発言をされていたのを聞いてから、人前に出るとき、靴だけは入念な準備をするようにしています。他者の視点は大きな気づきをくれるありがたいものです。そして、気づかせてくれた小さい箇所にきちんと気を配れるようにすると、いつの間にか「気を遣える人」の称号が貰えます。他者の発言に敏感になってみてください。

課 題

「他者がどういうことにこだわっているのか」を尋ねてみてください。そして他者が希望する行動をしてみてください。その一連の行動を3分間のプレゼンテーションで発表しましょう。

プレゼンテーションの際の注意点　最後にみんなにすすめる行動を言いましょう

プレゼン例

おじいちゃんと二人でスシローに行ったとき、「おじいちゃんの最近気になること」を聞いてみました。すると、おじいちゃんは昔ホテルで働いていたので、挨拶の仕方についてはとても敏感で、挨拶に関する気になることを答えてくれました。おじいちゃんは、『最近気になるのは、今の子どもたちは最初の挨拶はできているけれども、別れ際の挨拶ができない人が多いことかな～』と言ってくれました。

私は、最初の挨拶と別れ際の挨拶の違いがあまりわからなかったのでその違いを尋ねました。おじいちゃんが言うには、最初の挨拶というのは「おはよう」「こんにちは」「お久しぶり」「よろしくお願いいたします」などですが、別れ際の挨拶は『ありがとうございました』『お会いできてうれしかったです』という感謝や幸せの気持ちを表すものだ、と教えてくれました。確かに別れ際の挨拶がよいと、一緒に過ごした時間の幸福感と次に会う時の期待感が持てます。「またね」よりも「今日は本当に楽しかったよ。ありがとう。また近いうちに会いましょう」の方が幸福感と期待感は増します。だから別れ際の挨拶も大切なのだと教えてくれました。にもかかわらず、「最初の挨拶はしておいたから、もう後は適当でもいいだろう、と油断する人が多いなあ」と、おじいちゃんは残念がっていました。私は「別れ際の挨拶」にこだわったことがなく、そんなところを見ている人がいるんだなあと少々意外でした。でも確かに別れ際の挨拶が素晴らしかったら私もうれしくなるので一度学校で試してみようと思いました。

先週の水曜日、ソフトボール部の練習の際、久しぶりに中学3年生の先輩の新垣さんが激励に駆けつけてくれました。とてもうれしかったので、先輩の帰り際に駆け寄って『今日は本当にありがとうございました！先輩はもうすぐ入試ですよね。お忙しい時に駆けつけてくださって本当に感謝しています！同じ高校に行けるように私も頑張ります！』と手を握って別れの挨拶をしました。すると新垣さんはうっすら涙を浮かべておられました。ちなみに駆け寄って挨拶したのは私だけでした。その日の夜、改めて新垣さんにＬＩＮＥでお礼を送りました。するとうれしい返信が返ってきました。別れ際の挨拶の重要性をおじいちゃんから教えてもらったおかげで、ほかの人にはできない気の配れるポイントがわかりました。

みなさん、自分では気づくことができない点を他者から学んでください。そうすれば、そこに気を配ることができるようになります。

小さいことにこだわることができる人は、人が気づけないことにも気を遣うことができる。

これを継続することで習慣化し、組織であれば企業文化に発展する。

「自分自身が「小さいことにこだわる」必要がある。
また「他者の小さいこだわり」にも注目し、視点を増やすことが必要である。

他者の発言にも敏感になるべきである。

第５章
創造力

日本には530万近くの事業所がありますが、その全ての事業所の会議で「新しい発想」が求められています。

どこの会議でも『何か新しいアイデアはない？』『もっと斬新な発想はできないの？』という要求が出されます。

会社に限らず、自治会での会議やPTA総会でも催し物を行う際にアイデアを要求されます。そういう時に斬新なアイデアを出せる人はどこでも重宝されます。斬新なアイデアは会社も助けますが、地域や社会全体も活性化させますので、社会人基礎力に「創造力」が掲げられているのは、至極当然のことだと思います。

ただ、アイデアが急にあふれてくるような人財になることは難しいですよね。

そこで、この章では、「メモを取る」「予定調和を壊す」「工夫する」「発想の転換をする」という4つの視点で、アイデアを生み出しやすい考え方のトレーニングをしていただきたいと思っています。

沖縄に今までになかった発想のテーマパークが誕生します（2025年7月）。これにより、世界中から人を呼び寄せ、日本を活性化させていくことが期待されています。

私は、「創造力」の威力はすさまじいものがあると思っています。

Ⅴ 創造力

視点⑰ メモを取る
視点⑱ 予定調和を壊す
視点⑲ 工夫する
視点⑳ 発想の転換をする

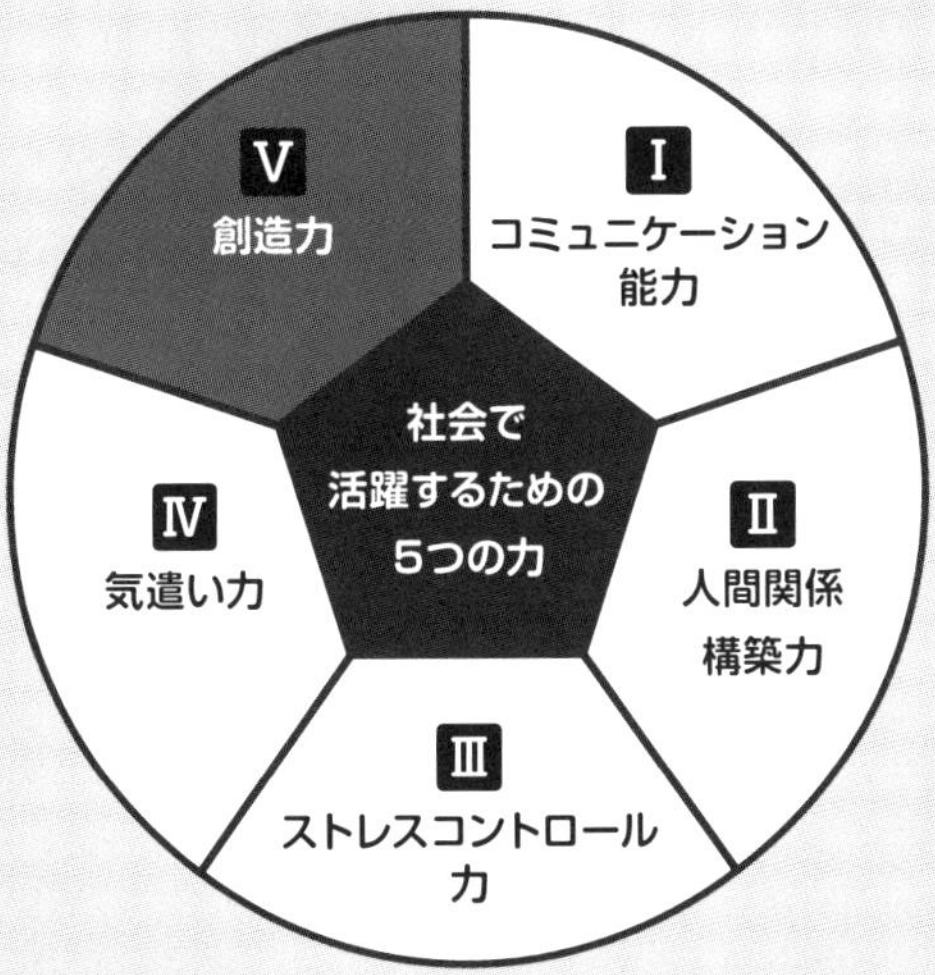

●メモの魔力

皆さんは昨日電車で思い浮かんだアイデアを覚えていますか?『昨日アイデアなんて浮かんでいないよ』とおっしゃる方は1週間以内に範囲を広げてもいいですよ。1週間以内なら何か一つは思いついたはずです。でもなかなか思い出せないですよね?実は私も同じです。車の中で思いついたグッドアイデアを、車を降りるころにはもう忘れてしまっています。これは非常にもったいないことです。10年間全てメモをしていたら10冊ほどのノートになっていたはずです。後悔をしていた時に出合った本が、前田裕二さんの「メモの魔力」でした。

この本は、これから社会で活躍したい方と思っている人には読んでいただきたい名著です。「一行のメモが人生を変える」という信念のもと、メモを取ることで自分の考えや感性を深掘りしていく画期的な本です。先ほども言いましたが、人は今考えていたことを次の瞬間に忘れてしまいます。そして二度と思い浮かべることがないことも多々あります。素晴らしいアイデアは突然降ってくることが多いのです。日本が誇る作曲家の久石譲さんは「となりのトトロ」のテーマ曲は、お風呂に入っているときに思いついたとのことです。B'zの歌詞を担当する稲葉さんも散歩をしながらスマートフォンのメモ機能を使ってメモをするそうです。思い浮かんだ瞬間にメモをすることがアイデアを逃さない大切な動きになってきます。

ほかにどんな人がメモを好んで実践していたかを調べてみると、偉人の名前がたくさん挙がってきました。

例えばエジソンは、300万枚、大学ノートに換算すると3500冊のメモを取ったそうです。84歳まで毎日メモをしたとすると、1日100枚のメモを残したことになります。1日100枚ですよ！この本が200ページほどですから、びっくりする量です。モナリザで有名なレオナルド・ダ・ヴィンチも負けてはいません。40年間毎日メモを取っていたということで、枚数でいうと1万枚以上になります。2006年に『ダ・ヴィンチ・コード』という映画が大ヒットしましたが、『ダ・ヴィンチ・ノート』も有名です。マイクロソフトの創業者ビルゲイツ氏が1994年にレオナルド・ダ・ヴィンチのノートである「レスター手稿」を28億4000万円で落札したことは有名です。観察・研究した記録、思索の足跡、絵画の習作・構想スケッチ、格言などがあちこちに記されているそうです。皆さんのノートも後々価値が出るかもしれません。

ベートーベンやシューベルトは作曲家らしく枕元に五線紙を置いておき、寝ているときに曲が浮かんだらすぐにメモをしていたそうです。ベートーベンは五線紙がない時は、所かまわず壁にも書きつけたと言われています。ちなみに、アインシュタイン、ナイチンゲール、ゲーテ、ニュートン、パスカルもメモ魔だったようです。

●ファクト（事実）→抽象化→転用

「メモの魔力」の一番のおすすめポイントは、「メモの推奨」ではなくて、「ファクト（事実）→抽象化→転用」の考え方を教えてくれることです。

例えば、新聞の記事に次のようなものがあったとしましょう。

「コロナ禍で演者は収入なし。貯金が2か月で底をつく。芸を磨くチャンスでもあるが先の見えない現状は恐怖でしかない」

これが「事実」です。

この情報から、「何かわかることはないか」「そこに気づきはないか？」と考えることが「抽象化」です。この場合であれば、

「芸の道に進む人には本当にリスクがある。収入面もそうだが、果たして本当にその道のプロになれるかどうかの不安も大きい。同じく難関資格をねらっている人も同じ。弁護士や公認会計士、医学部を目指す人も本当にその職に就けるかどうか不安で仕方がない。ただ芸の道に進む人や難関資格を目指している人は共にポテンシャルは高く、真面目で一途」とメモしたとしましょう。

次が「転用」になります。

「転用」は「抽象化」で得た気づきをもとに具体的なアクションプランを立てることになります。

いくつかの例を挙げておきましょう。

「芸の道や難関資格を目指す人が将来を不安視しているのであれば、その方々だけに向けた『仕事を見つけるサイト』を作る」というのは面白いのではないか？」

「芸の道を目指している方には、〈楽しい空間〉を欲する学校や病院、また話し方教室を開催している団体と提携して、パート社員として生活を保障するのはどうか？」

「地域の行事への特別参加枠に無料で出場してもらい、芸を磨く場の提供をすれば一石二鳥ではないのか？」

「資格試験に向けて頑張っている方には、塾や家庭教師のほかに、資格取得後に役立つ『一般企業事務のアルバイト』をおすすめできるのではないか？」

「大学教授を目指す院生も将来を不安視しているだろうから、院生対象の専用サイトは確実にニーズがあるのではないか？」といったアイデアが生まれてきます。

ここまでが一連の作業になります。

最初はなかなか大変ですが、慣れてくれば、「事実」から「抽象化」を経て、斬新なアイデアにつながる「転用」ができるようになります。

課題

新聞やテレビを見て、事実を確認し、それを抽象化し、転用にまで発展させてください。
それを3分間のプレゼンテーションで発表しましょう。

プレゼンテーションの際の注意点

ゆっくり話す箇所、アップテンポで話す箇所を意識しましょう

プレゼン例

購読している「コドモ新聞」に、滋賀県に偽薬を作っている企業があると出ていました。

偽薬とは、本物の薬のように見える外見をしていますが、薬としての成分は入っていない、偽物の薬のことです。

なぜ偽薬が必要となるかと言うと、薬を飲む必要のない患者さんが薬を要求してくる場合があり、その場合偽薬を与えることで安心するメリットがあるからとのことでした。例えば、不眠で訴える患者さんに対し、睡眠薬を継続して処方することが危険と判断される場合、ビタミン剤を睡眠薬と偽って処方することがあるようです。そして、その偽薬を処方しても薬だと信じ込むことで何らかの改善がみられることがあるとのことです。

それを偽薬効果、またプラセボ効果と言います。

「人間の思い込みを医療の世界に役立てるとは素晴らしい」と私は深く感心しました。

そこから私が導いた抽象化は、

「必要な嘘がこの世にはある。よい嘘で社会をよいものに変えていくのは素晴らしい」

というものです。

それを転用し、よい嘘が必要な業界で、効果のあるサンプルを収集し、対処法につなげるというものです。

例えばスポーツ選手のコーチを例に考えてみます。そもそもコーチは選手に最高のパフォーマンスを出してもらうために様々なアドバイスを行います。時には落ち込んでいる選手にモチベーションアップのために「よい嘘」をつくときもあるでしょう。そういった「よい嘘」がどのような結果につながったのかの検証を行うと、よいコーチング理論に役立てられそうです。

病院関係者の方も患者さんに、真実だけを伝えられる場面ばかりではありません。時には生きる望みを持ってもらうために必要な嘘をつくときもあるでしょう。警察官や検察官の取り調べにも「よい嘘」は存在しそうです。そういった様々な「よい嘘」の種類や手法、効果をきちんと検証すれば、詳細データから今後のベストな対処法ができあがります。

「よい嘘の研究」を私の転用策として提案します。

思いついたことはすぐにメモをする習慣をつけましょう。
メモをしていた偉人は多い。
【例】エジソン、ベートーベン、など

「メモの魔力」に書かれている「ファクト（事実）↓抽象化↓転用」を実践しましょう。

V 創造力

視点⑰ メモを取る

視点⑱ 予定調和を壊す

視点⑲ 工夫する

視点⑳ 発想の転換をする

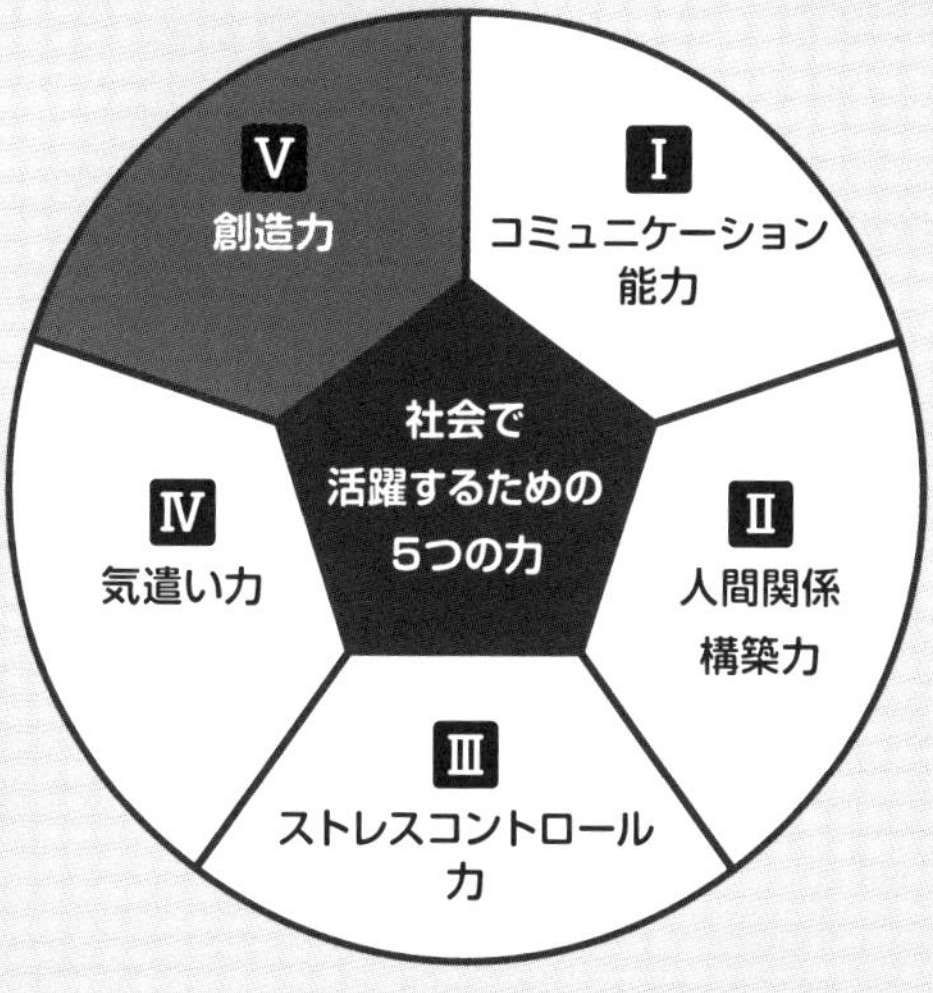

●予定調和を壊すとは?

「予定調和」という言葉をご存知ですか?

私は推理小説が好きでよく読むのですが、特にアガサクリスティーさんの作品は全て予想を裏切られるので非常におもしろいです。代表作「そして誰もいなくなった」「オリエント急行の殺人」は、展開を予想しながら読みましたが、推理は完全に外れました。この場合「犯人はこの人だろう」「このあとの展開はおそらくこうなるだろう」という予想が「予定調和」になります。そして、「全く別の人が犯人」だったり、「ストーリー全体が予想していたことと根本的に異なったりすること」が、「予定調和が壊れる」と言えます。もう少し堅く定義すると「予定調和」とは、「人や物事が予想通り順調に動き、結果もその通りになること」で**「予定調和を壊す」**というのは、「その予想を覆す」「定番を壊す」と言えるでしょう。「予想外」「想定外」という言葉が一番ぴったりきます。「おや?」と思わせることとも言えます。

「予定調和を壊す」訓練をすると、新しいアイデアを生み出しやすくなります。予定調和を壊すことはどんな場面でもできます。例えば挨拶する場面での予定調和を壊してみましょう。

『いいお天気ですね、と言おうと思ったのですが、実は私は雨が大好きなんです』

『最近どうですか?って英語で質問しますので英語で答えてもらえますか?』

いかかでしょう?「なんかいつもの挨拶と違う」と思いませんでしたか?

こんな会話はあまりしたことがないでしょうから「おや？」って思いますよね。だからこそ相手の印象に残るし、「この人、なんかおもしろいな」と興味を持ってもらえます。『トトロ』や『千と千尋の神隠し』のスタジオジブリのモットーは予定調和を壊すことだそうです。確かに予想した展開をことごとく裏切ってくれる作品ばかりですよね。

ＡＫＢ48や乃木坂46を生みだした名プロデューサーの秋元康さんが大切にされているのが「予定調和を壊す」ことだそうです。「予定調和を壊す」とは、単に奇をてらうことではなく、今まで普通だと思っていたことを根本から疑い、結果的に人々の心に響くものを創っていくことだそうです。「完成されたアイドルを提供するのではなく、未完成な素質ある方々が成長していく過程を支援者は楽しむのではないか？」という発想は、みんなが当たり前に思っていた「アイドルは完璧である」ことを大きく裏切りました。予想と違ったから驚く、予想と違ったから興味を引く、予想と違ったから話題に上る、これらはある意味、当然のことです。

卒業式に「桜のつぼみが…」と話し始めた校長先生の式辞は誰も驚きません。でも、「ブラジルの1匹の蝶の羽ばたきは、巡り巡ってアメリカ・テキサス州のハリケーンの原因となりうるでしょうか」から始まった桐朋高校の答辞は世界に拡散されました。

「みんなが行く野原に野イチゴはない」というのが秋元さんの信条ですが、同じことをしていては、革新は生まれません。みんなが行かない山野にこそ野イチゴはあります。

●予定調和の壊し方

絵や写真で最も落ち着く構図は「三分割構図」だそうですが、それを葛飾北斎は壊したことで絵に緊張が生まれ、人々の心を打ちました。葛飾北斎は構図を少しずらしたそうです。「少しずらすだけで予定調和は壊せる」─そう、「少し」でいいんです。

例えば、就職活動をしている方へ、

『あなたが当社の社長になったら何をしますか?』という質問はよくありますが、

『あなたが内閣総理大臣になったら何をしますか?』はあまり聞きません。

『あなたの同僚が当社の社長になったら、あなたは何をしますか?』に変えても予定調和は壊れます。

『あなたが尊敬する人はどんな人ですか?』は定番の質問ですが、

『あなたが尊敬したくない人はどんな人ですか?』はドキッとします。

『あなたが尊敬できない人の元で働くことになったらどうしますか?』は、リアルすぎてちょっと笑えません。

●予定調和を複数回壊す

2016年公開の映画「君の名は。」は、高校生の男女が入れ替わるところから始まります。

今でも語り継がれる観客の予想を上回る名作です。私はあまりに感動して5回観ました。男女の入れ替わりは以前からあるストーリーなので、予定調和としては軽い壊し方ですが、中盤から全く予期しない展開に入っていきます。「時間軸のずれ」「彗星落下」を加えることで、単なる男女の入れ替わり話とは大きく様相が異なってきて、観衆の頭の中が「?・?・?・?」になり、予定調和すら立てられなくなります。予定調和を何度も壊して観客の鳥肌を立たせた好例です。

複数回予定調和を壊せば、「新しい発想」に匹敵するものになります。

●予定調和は発想の段階でも壊すことができる

任天堂の「Ｗｉｉ」は発売から1年8か月で3000万台を売り上げたお化け商品でした。そして、ソニーのプレイステーションからシェアを奪い返しました。これは技術で勝ったのではなく、発想で勝ったと言われています。どういうことかと言うと、任天堂は「ゲームをしない層にどうすればゲームをさせることができるのか」を考えたそうです。ゲーム機と言えば、一人で部屋にこもり、自己満足に浸るものという固定概念がありましたが、コントローラーをラケットのように振ったり、バットに見立てたりするという発想で、新しいゲームの楽しみ方を提供したのです。予定調和の壊し方は、実行段階に限らず、最初の発想の段階でも非常に有効だということです。

課題

「散髪屋さんは髪の毛を切ってくれるところ」だと世間一般では考えられていますが、この予定調和を壊して、新しい散髪屋さんの在り方を考えてみてください。それを3分間のプレゼンテーションで発表しましょう。

プレゼンテーションの際の注意点

リアルなエピソードを含んだ『物語』で話しましょう

プレゼン例

「散髪屋さんは入院されている方に活力を与えるところ」だと思います。なぜそう思うのかを説明しますので、ちょっと聞いてください。

田舎に住む私の祖母が1年前に脳出血で倒れました。

幸い意識は回復しましたが、リハビリも兼ねた7か月の長期の入院を強いられました。家族全員が悲嘆にくれ、家族全員から笑顔が消えました。

私も何度も何度も病院に面会に行って励ましたのですが、その時病院には同じような境遇の方がたくさんいらっしゃることに驚き、辛くなり、胸がきゅーっと締めつけられました。祖母は若くて元気な時、髪型も服装もオシャレで、私にとっては自慢の祖母でした。でも、入院してからは、真っ白な髪で、お世辞にも整った髪型とは言えないボサボサの状態でベッドに横になっていました。

病院で用意されている服も「元気になろう！」と思えるものではありませんでした。

こんな姿をしている祖母がかわいそうで、無念だろうと私は隠れて泣きました。

祖母も、リハビリの時、鏡に映し出される自分の姿を見て号泣していたと祖父から聞きました。あまりに自分の姿が情けなかったからだとあとで言っていました。

しかし、そんな祖母が笑顔になった瞬間がありました。それは、病院専属の散髪屋さんが来られて、散髪をしてくださった時でした。病状の関係から、髪の毛を染めることは許されませんが、短くさっぱり切ってもらって、櫛でといてもらった祖母は今までとは見違えるように生き生きとしていました。「もう死んでしまいたい」と弱音を吐いていた祖母が、「生きたい」と思えるようになったのです。散髪屋さんには感謝の言葉しか見つかりません。

散髪は髪を切るというだけの行為ではなく、人々に「生きたい！」と思わせる力を与える行為だとわかりました。

ぜひ、全国の入院されているたくさんの方々に活力を与える仕事をこれからもしていただきたいと思います。

ちなみに現在祖母は自宅で静養していますが、祖母の友人が月に1回散髪をしに来てくれています。祖母はその日を一番楽しみにしています。

予定調和を壊すということは、相手の予想を裏切り「おや？」と思わせること。
「予定調和を壊す」という発想を持つと、新しいアイデアを生み出しやすい。

◀

「予定調和を少し壊す」だけで、新しい発想が生まれる。

◀

予定調和を少しずつ複数回壊せば、全く新しいものができあがる。

◀

発想、計画、実行、反省、どの段階でも予定調和を壊すことができる。

V 創造力

視点⑰ メモを取る

視点⑱ 予定調和を壊す

視点⑲ 工夫する

視点⑳ 発想の転換をする

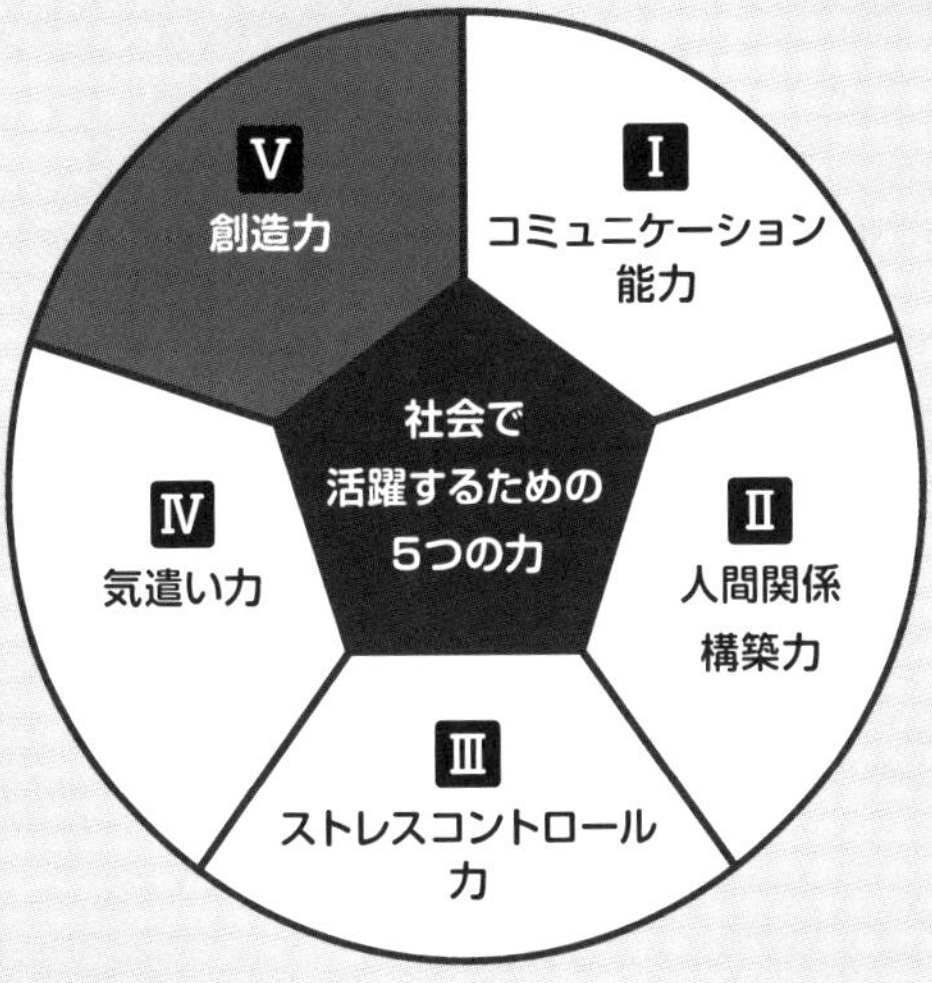

【制限があるから工夫できる】

制限があった方が工夫のし甲斐がありますよね。スポーツはまさにそれで、私の好きな野球は三振やフォアボールのルールがあるからこそ、巧みな戦術が生まれました。制限やルールは工夫を生み出すための最高の取り巻きだと思います。西沢泰生さんの著書「大切なことに気づかせてくれる33の物語と90の名言」の中に、「四十八茶百鼠（しじゅうはっちゃひゃくねずみ）」という話が紹介されています。制限の中にこそ工夫が生まれる良例が載っていましたので紹介させていただきます。

江戸時代後期、庶民はだんだんと生活が豊かになってきて、着物の素材や色が豪華になってきました。皆、よい物を着たい、きれいな色の物を着たいと思うようになったのです。しかし、「庶民は贅沢は駄目だ、質素に暮らすように！」と、幕府のお偉い方は考えました。そして贅沢禁止法、いわゆる奢侈禁止令《しゃしきんしれい》が発令されます。その法は庶民の「着物の色・柄・生地」にまでも細かく規定を設けました。着物に関して庶民が身につけられる色は、なんと「茶色」「鼠色」「藍色（納戸色）」のみと限定されてしまいました。でも、他の人とは違うものを着たいという欲求は今も昔も変わりません。そこで、職人さんたちが試行錯誤して、色の中に微妙な色調を工夫して様々な色の着物を染め上げたのです。そうしてできた言葉が「四十八茶百鼠」という色合いを表す言葉でした。言葉だけを取ると「茶色」だけでも48種類、「鼠色」に関しては100種類ある、という意味になりますが、実際はもっとたくさんあったそうです。「四十八茶百鼠」の四十八や百は色数ではなく、多色という意味だそうです。

いかがでしたか？

やはり、人間は制約の下でこそ工夫という知性を羽ばたかせるのですね。

先日、畳の原料である「い草」の丈が短いものが廃棄されているので、有効利用をし始めていることが紹介されている動画を見ました。丈の短い「い草」を裁断して、袋に詰めて「香り袋」にして販売されていました。新しい畳は、新築のいい匂いがします。素晴らしいアイデアだと思いました。「い草」という使用方法が限られた中での工夫は、我々にも参考になります。

デンマークにクリスチャンセンという人物が木工所を営んでいましたが、1929年に起こった世界恐慌や火事の影響で肝心の木材が手に入らなくなってしまったそうです。木材がないのなら、わずかに残った材木で何かできないだろうかとミニチュア模型を作り始めました。そこからさらに木が足りなくて大きなものが作れないとなるや、さらに工夫して、もっと小さなおもちゃ作りにシフトチェンジしました。その時、木からプラスチック製品に変えたそうです。それが今の巨大企業「レゴ」になります。厳しい制限があっても「今あるものを工夫して有効なものに変える」という発想さえあればこれからの社会でも活躍できます。

●困らないと工夫できない

「困る」「悩む」「トラブルが起きた」「もっとこうしたい！」は、工夫するうえで必要不可欠なものです。だからこそ人は考え動くのですから。満足した状況では、人は工夫しようとは思いません。各企業は毎日この壁にぶつかりながら工夫し乗り越えています。一例を挙げると、「子ども向けに甘いカレーをどうにかして作れないか？」と考えたのがハウス食品創業者の浦上靖介さんでした。カレーの中にハチミツを入れているアメリカの州があるという情報を知るとすぐにアメリカのバーモント州に飛びます。そして勉強し、日本人向けに開発し、ついに完成しました。それがハウスバーモントカレーです。

身近な物でちょっとした工夫がされている物も多くあります。例えば、有線のイヤホンは必ず絡みます。この前私も有線の2つのイヤホンをポケットに入れておいたのですが、ほどくのに5分ほどかかりました。それを解決するために、「ファスナー（ジッパー）」と「イヤホン」を合わせた商品が生まれたそうです。困らないと生まれなかった商品ですね。最近はレインコートにも工夫がされているそうです。雨が降ると傘をさすかレインコートを着るしかありません。でもレインコートは蒸れるから着たくないという人は多いです。その憂鬱さを「楽しさ」に変えた商品があります。その商品は濡れると柄が浮き出るような加工がしてあるレインコートです。これで子どもたちが、雨の日を楽しみにするようになったそうです。

●2つのモノを組み合わせる

数学の応用問題は、難しく見えますが、実は基本の公式を数多く絡めて作成しているだけです。そうなんです、基本の公式を組み合わせれば何通りもの応用問題が作れるということです。世の中の多くのモノはこれと同じで、初めて見たというモノでも、何かを組み合わせたものが多いのです。トヨタの「ハイブリッドカー」はガソリンエンジンと電気モーターの組み合わせです。Ａｐｐｌｅの「ｉＰｈｏｎｅ」も、電話とインターネットとｉＰｏｄ（携帯音楽プレーヤーの組み合わせです。スターバックスコーヒーも「快適な空間」と「美味しいコーヒー」の組み合わせで成功した企業と言えるでしょう。

アイデアは何も「物（モノ）」に限りません。芸術の世界にも業務の中にも隠れています。「対極のモノ同士の組み合わせ」でいうと、映画『美女と野獣』、『リンス・ｉｎシャンプー』『生クリーム大福』などが思い浮かびます。「補完しあうモノ」でいうと、電動自転車、ドローン、ハンディファン（手持ち扇風機）などは、機能をアップさせるために技術をプラスして便利な商品に仕立て上げました。このように、世の中にはいろいろな組み合わせパターンがあり、数学の問題以上に応用したモノやサービスを生むことができます。現在の各分野の技術の発展はすさまじいものがあり、それぞれを組み合わせることで、今までの数をしのぐ素晴らしいアイデアが生まれてくることと思います。

課題

レンガ1個の使い方をたくさん考えてみましょう。例えば、ドア押さえ、小物を載せる台、トンカチ替わりとかです。考えた具体例を盛り込み、感じたことを3分間のプレゼンテーションで発表しましょう。

プレゼンテーションの際の注意点　聴衆に問いかけて、聴衆を巻き込んでください

プレゼン例

私が考えたレンガ1個の使い方は次の通りです。武器、おもり、鉄アレイ代わり、ブックエンド、表札、インパクトのある名刺、ペットのお墓、腕が鍛えられるキャッチボール用のボール代わり、バットで叩き割るストレス解消の的、料亭で出てくる刺身の器。結構、頑張ったでしょ？（笑）

新しい発想で工夫するというのは本当に難しかったです。

最初は、レンガを建築用の材料としか見ていなかったので、重い、固い、角が尖っていて危ないもの、というイメージから抜け出せず、斬新な発想が生まれませんでした。

でも途中から、「レンガとスポーツ」「レンガと読書」「レンガとビジネス」「レンガと料理」といった、レンガのイメージと全く異なる種類の属性とコンビを組ませて考えるようにしてみました。

すると、今までの発想から大きく飛び出すことができました。

「ブックエンド」や「料亭で出てくる刺身の器」が思い浮かんだのもそのおかげです。

レンガの使い方を自由に考えるのではなく、組み合わせることで軽い制限を設けました。まさに「四十八茶百鼠」のように色の制限を設けたような形になりました。枠のないところから発想するより、少し制限を加えた方が、そのカテゴリーで集中できるので「濃い発想」が頭の中で生まれました。

あのゲーテの名言『制限の中において初めて名人はその腕を示す』という言葉はご存知でしょうか？制限の中の方が、研ぎ澄まされるような感覚になります。

さて、皆さんだったら、「レンガと旅行」であれば、どういう発想をされるでしょうか？強引でもいいので考えてみてください。

私は、旅行に行くとき右手に鞄を持つので、バランスを保つために、左手に持つものとしてレンガを使うアイデアを提案します。どうでしょう？ちょっと苦しいですか？（笑）

新幹線に乗った時の足置きにも使えそうですね。

私は今回、「柔軟な発想は、制限があった方が思い浮かべやすい」、ということを経験し、「制限」をポジティブなものとして捉えられるようになったことが大きな収穫でした。

◀「困った！」が新しいアイデアを生む第一歩である。

「2つ以上のモノを組み合わせる」方法が新しいアイデアの王道戦術である。
「制限」された方が、アイデアが出る場合がある。

V 創造力

視点⑰ メモを取る

視点⑱ 予定調和を壊す

視点⑲ 工夫する

視点⑳ 発想の転換をする

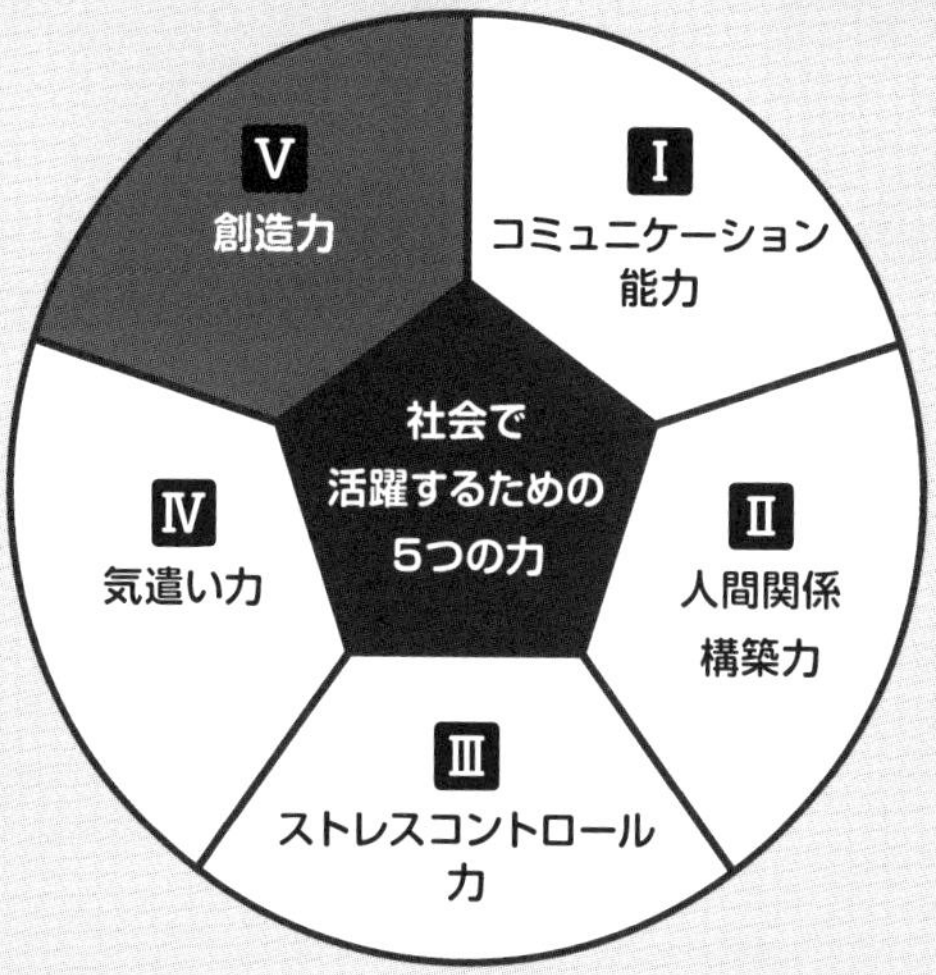

●物は言いよう、物は考えよう

私は料理が好きでよく料理番組を観ますが、その料理番組で、ある時は「フライパンで肉の両面を先に焼いて肉汁を閉じ込めます」と言います。またある時は「凹凸のあるフライパンで肉の両面を焼いて余計な油を落とします」と言います。そんな時、料理って奥が深いなあと素直に思うようにしています。

イソップ寓話に「北風と太陽」という話があります。世の中で一番強いと自慢する北風と太陽が、旅人の上着をどちらが脱がせることができるかを競います。この勝負は太陽が勝ちます。厳罰よりも寛容的に対応する方がよいという教訓ですが、ちょっと待ってください。このあとに、「上着を着させる」という競争を行ったら、北風の勝ち！になりませんか？

「物は言いよう」ですし「物は考えよう」だなあと思わされます。反対側や斜めから見れば、違うものに見えます。言い方・考え方を変えるだけで見え方が変わることは多くあります。「よくない状況」だと思っても「他人が経験していない珍しい状況」だと捉えると、希少価値を見つけることができて、逆転の発想が生まれることがあります。

私はバタークッキー（サブレ）が大好きですが、北海道のファームデザイン社の「骨折うしサブレ」の発想には大いに関心しました。製造過程で割れてしまった牛の形のクッキーを、「骨折うしサブレ」と名前をつけて商品化し、話題を呼びました。逆転の発想です。

●失敗を成功に変える・欠点を長所に変える

私はマジックも好きでテレビでよく観ました。なかでも、おしゃべりで笑わせてくれるマジシャンのマギー司郎さんが一番好きでした。「コカ・コーラが一瞬にしてペプシコーラに変わるマジック」は有名ですし、もう最高です。台の上に置かれたコカ・コーラにスカーフを一瞬かぶせて、再度見せる。そしてこう言います。

『今、コカ・コーラがペプシコーラに変わったんだけど、わかった?』…もう天才です。

しかし、マギー司郎さんは若いころ大きな悩みを持っていたようです。それは、手先が不器用だということです。たしかにこれは手品をやるうえで致命傷となります。しかしながら、マギー司郎さんのすごいところはそれを逆手にとって活躍されたことです。手先が不器用だと公言しながらお客さんの緊張を緩め、「おしゃべり」を交えてマジックをする手法をとったのです。目を見張ったり唸ったりするマジックは多いですが、笑いが起きるマジックは少ないですよね。お客さんのハートをつかみ大活躍されています。

「災い転じて福となす」のような事例は調べてみるとたくさん挙がってきます。久留米市の屋台の店主がスープを火にかけたまま友人と2時間立ち話をしてしまって戻ってきたら煮詰まった白濁スープができあがっていました。それが「豚骨ラーメン」の原型になったそうです。コーンフレークもアメリカで兄弟が作っていたパン生地の失敗から生まれたものだそうです。

●短所の長所を探す

世の中にあるのは、「長所」と「一見短所に見える長所」だけだ、という発想でモノを見ることをおすすめします。就職活動でよく使う「短所」を「長所」に変換する要領に似ています。

優柔不断→思慮深い　周りに流されやすい→他者を尊重できる
神経質→几帳面　飽きっぽい→好奇心旺盛　計画性がない→柔軟に行動できる

短所だと思っていたものを長所にする訓練は発想の転換に大いに有効です。

野球のピッチャー（投手）をしていた選手が怪我で投げられない期間、落ち込むのではなく「バッティングの練習ができる時間をいただけた！」と発想を変えて、その期間をバッティング練習にあてて力をつけた例はよく聞きます。これも発想の転換ですが、なんと大谷翔平選手もイチロー選手もそのような期間があったそうです。

アメリカの青年ミルトン・ブラッドリーさんは、当時リンカーンの肖像画を印刷し販売していましたが、売れずに廃業を考えていたそうです。手元に残っているのは高額な印刷機のみ。さて、みなさんならどのように考えるでしょうか？ 印刷機を売って廃業しますか？

彼はその高額な印刷機の高性能さを活かそうと、印刷技術を駆使して、すごろくで遊べる見栄えの素晴らしいボードゲームを作ったのです。すると、それが大当たりして全米で売れていきました。これが、海を渡って日本でも大ヒットした「人生ゲーム」です。

●新しいカテゴリーを作ると、失敗だと思っていたものが輝きを持つ

数学の「集合」という単元で「且（かつ）」「または」というのを習ったと思います。私は数学が苦手でほとんど覚えていませんが…。数学の場合、AのグループでもありBのグループである場合、「AかつB」になりますが、社会ではそれが新たな「C」のグループになり新たなカテゴリーとして存在できます。今の子どもたちにわかりやすく言うならば、ピコ太郎でヒットした「アッポーペン」や「ペンパイナッポーアッポーペン」のイメージです。アップルでもなくペンでもないカテゴリー「アッポーペン」こそが「C」のカテゴリーになります。

先ほどのマギー司郎さんで言うと、「マジシャン」と「おしゃべり上手」という2つを組み合わせた新しいカテゴリー「おしゃべりマジック」という世界を作られたということになります。「おしゃべりマジック」というカテゴリーを作ると手先が不器用ということが「笑い」に変えられて強みになります。

付箋（ポストイット）で有名になったのがスリーエム（3M）ジャパン株式会社です。この会社は、より強力な接着剤を生み出そうと開発を進めていましたが、できたのは、「粘着力はあるが力を加えると剥がれてしまう接着剤」でした。このまま終われば失敗の話になりますが、この会社がすごかったのは、「貼って剥がせるカテゴリー」を創ったことです。「引っつける」と「剥がす」という対照のカテゴリーを「且（かつ）」でつなげたのです。

課題

「短所であると思ったこと（モノ）の長所」を見つけて、それを有効活用してください。

それを3分間のプレゼンテーションで発表しましょう。

プレゼンテーションの際の注意点　常に笑顔ではなく、内容によって表情を変えましょう

プレゼン例

私は「超」が何個もつくぐらいの田舎に住んでいます。

コンビニは当然近くにはなく、車で20分ほどかけて行きます。

周りには見渡す限りの山、山、山。

私の田舎が唯一にぎわうのは、夏のキャンプシーズンです。夏には、清流を求めて都会の人が来ますが、冬は誰も来ず、それはそれは、静かな暮らしになります。

「早くこんな田舎を飛び出て、都会暮らしをしてみたい！」

高校時代は、毎日こんなことばかり考えていました。

そんな私ですが、先日こんなことがありました。

部活の先輩が、大学生として大阪で一人暮らしを始めたので訪問したのです。

私にとっては憧れの大都会でしたので、さぞかし先輩は大学生活を満喫しているだろうと

思っていましたが、意外にそうでもありませんでした。

部屋で二人で食事をしていると『緑のない都会で暮らすのは疲れるよ。田舎が恋しい時がよくあるよ』と、先輩が寂しそうにこぼしました。

山しかないあんな田舎が恋しくなる？――私は、最初よくわかりませんでしたが、都会に疲れる人は意外と多いということを知りました。

そこで、田舎に帰り、「つくし」や「わらび」、「田園風景」や「山に入っていっての木々や鳥」の写真をスマートフォンで30枚ほど撮って先輩に送ってあげました。

すると想像以上の喜びのメッセージが返ってきました。

田舎にある普通の風景なのにこんなにも喜んでくれる人がいることに驚きました。

先輩から『自然豊かな田舎に憧れている人だったら、こんな写真、みんな喜ぶと思うよ』と追伸が来ました。例えば、入院していて、カーテン越しの同じ風景しか見えない人に、このような写真は喜ばれるのかもしれません。また大都会で毎日電車で揺られて通勤しているような、癒しを欲している人も興味を持ってくれるかもしれません。

確かにそういう時、都会の喧騒の写真より田舎の山々の画像の方が心が落ち着きます。

先輩のおかげで、田舎の長所が見えました。

逆境を逆手にとって、チャンスだと考えましょう。
「よくない状況」＝「他人が経験していない珍しい状況」

「短所」を別の角度から「長所」として捉えると新しい発想が生まれます。
◀
新しいカテゴリーを作ると、「短所」だと思っていたことが「長所」になることがある。

おわりに

本書を読み終えていただきありがとうございました。

本文にも少し載せましたが、私が学生時代に起業家養成塾で勉強していた時、徹底的に掃除をすることを学びました。ある時、自分では完璧に掃除した！と思い塾長に見せたところ、『君がこれ以上はないと思っても、それは君の基準でしかない。世の中にはもっときれいな状態が標準だと考える人がたくさんいる。だから完璧はない。どこまでいっても力を抜いてはいけないんです』と言われました。ほかにもたくさんの指摘をいただきましたが、この言葉がとても印象的で、今も私の心にずっと残っています。そして、それが私の社会人人生に大きな影響を与えてくれました。社会人になっても「自分の完璧は相手の完璧ではない」をモットーにしていますので、力を抜くことなく物事に取り組めています。

今思えば本当にありがたい教えでした。

大人の皆さんも若いころに学んだ人生教訓は、その後の大きな判断基準になっていると思います。この本で私が取り上げた20個の視点のうち、何か一つでもお子さんの社会人人生に好影響を与える教えがあればこんなにうれしいことはありません。

20個の視点の中に、「初めて聞いた！」ということはおそらくなかったと思います。小学校や中学校での道徳の時間に習ったことや、ご自身の経験則でわかっていたことがほとんどだと思います。にもかかわらず私がこの本を書いた理由は、「わかっているけど実践している人が少ない」と思ったからです。「不平・不満・悪口を言わない」ことがよいことぐらいは誰でもわかっていています。わかっていても、なかなか実践できないものなのです。しかし、一度それを体に覚えさせれば、忘れていたとしても復活させやすくなります。ですから、実践していただくことを前提にした本にしました。20個の視点を読むだけではなく、ぜひ一度トライしてみてください。それが私の一番望むことです。

最後に、本書にかかわってくださった全ての方に感謝申し上げます。

まず刊行までの全ての業務を担当してくださった中村堂の中村宏隆様に心から感謝いたします。さらに中村様との出会いの機会を提供してくださった出版プロデューサーの小山睦男様にも厚く御礼申し上げます。またこの本を執筆するにあたり、１００年以上の歴史を誇るカーネギー・トレーニング・コースで学ばせていただいたことがとても参考になりました。ご指導いただきましたデール・カーネギー・トレーニング西日本の北郷和也様、福山由美様には本当に感謝しております。ありがとうございました。

そして何を置いても、普段指導させていただいている塾生及び保護者の皆さまが私にいろいろな気づきを与えてくださったからこそこの本が書けました。心より感謝申し上げます。本当にありがとうございました。

２０２５年3月　名村拓也

参考文献

「聞く力―心をひらく35のヒント」 阿川佐和子 文春新書
「人を動かす」 デール・カーネギー 創元社
「松下幸之助はなぜ成功したのか」 江口克彦 東洋経済新報社
「松下幸之助の経営問答」 PHP総合研究所研究本部 編 PHP文庫
「社長になる人に知っておいてほしいこと」 松下幸之助 PHP研究所
「道は開ける」 デール・カーネギー 創元社
「人生はワンチャンス」 水野敬也・長沼直樹 文響社
「新版 運動心理学入門」 松田岩男・杉原隆 編著 大修館書店
「少女パレアナ」 エレナ・ポーター 角川文庫
「坂の上の雲」 司馬遼太郎 文春文庫
「掃除道」 鍵山秀三郎 PHP文庫
「かばんはハンカチの上に置きなさい」 川田修 ダイヤモンド社
「ディズニー7つの法則」 トム・コネラン 日経BP
「メモの魔力」 前田裕二 幻冬舎
「大切なことに気づかせてくれる33の物語と90の名言」 西沢泰生 かんき出版
「秋元康の仕事学」 NHK「仕事学のすすめ」制作班 編 NHK出版

●著者
名村拓也（なむら・たくや）

プレゼン塾代表／学習塾講師
原田教育研究所原田メソッド認定パートナー。1974年、兵庫県姫路市生まれ。同志社大学商学部卒業。大学卒業後、（株）キーエンスで営業力を身につける。「ビジネスの世界では学力以上に鍛えておかなければならない力が存在する」ことを痛感し、塾の教壇で人間力の向上を目指した授業を20年間行う。これまでの指導生徒数3,500人、保護者懇談時間3,000時間、登壇授業時間32,000時間を超える。

プレゼン力の重要性に気づき、人間関係力・プレゼン力を鍛える世界的研修機関「デール・カーネギー・トレーニング」でコーチを9年間務め、トップビジネスパーソンの1,000回以上のプレゼンを学び、2019年トレーナー試験に合格。

「プレゼン塾」では、大学生にハイレベルなプレゼンテクニックを教え、Panasonicやクボタ、KOKUYO、Skyなどの一流企業の内定を勝ち取らせている。

2017年M-1出場（1回戦敗退）。

2020年10月ぱる出版刊著書『プレゼンの技法』は3刷。

○中高大学生向けのプレゼン養成機関
「プレゼン塾」https://presen4020.com/

親と子で育て合う　5つの力 20の視点

2025年4月1日　第1刷発行

著　／名村拓也
発行者／中村宏隆
発行所／株式会社　中村堂
〒104-0043　東京都中央区湊3-11-7　湊92ビル 4F
Tel.03-5244-9939　Fax.03-5244-9938
ホームページ　http://www.nakadoh.com

カバー・表紙デザイン／クリエイティブ・コンセプト　根本眞一
書籍コーディネート／インプルーブ　小山 睦男
編集・印刷・製本／株式会社丸井工文社

ISBN978-4-907571-98-6

中村堂　コミュニケーション、家庭教育　関連書籍

ゲームで楽しくコミュニケーション力がつきます。ゲームごとに育てたい力を明示した一覧表付き。

「話し合い力」を育てる
コミュニケーションゲーム62

【著】菊池省三　池亀葉子　他　定価　二七五〇円（本体二五〇〇円＋税10％）

コミュニケーション力豊かな子どもを育てるために、家庭ですぐに始められる51のポイントを紹介します。

コミュニケーション力豊かな子どもを育てる
家庭でできる51のポイント

【著】菊池省三　定価　一六五〇円（本体一五〇〇円＋税10％）

子育ての様々な場面の中で子どもの笑顔を引き出すコミュニケーションの77のヒントを紹介します。

新版　笑顔のコーチング
子育て77のヒント

【著】本間正人　小巻亜矢　定価　一六五〇円（本体一五〇〇円＋税10％）

現代を生きる人たちに必要とされるコミュニケーションの力34項目を小学生34人がまとめました。

コミュニケーション34の力

【監修】菊池省三　定価　二七五〇円（本体二五〇〇円＋税10％）